TÖTE SIE ALLE

EINE WAHRE GESCHICHTE ÜBER MISSBRAUCH,
RACHE UND DIE ENTSTEHUNG EINES MONSTERS

VON RYAN GREEN

übersetzt von Tanja Lampa

© **Copyright Ryan Green 2023. Alle Rechte vorbehalten.**

Kein Teil dieses Buches darf ohne schriftliche Genehmigung des Autors in irgendeiner Form vervielfältigt werden. Rezensenten dürfen kurze Passagen in Rezensionen zitieren.

Haftungsausschluss

In diesem Buch geht es um reale Menschen, die sich realer Verbrechen schuldig gemacht haben. Die Geschichte wurde anhand von Fakten konstruiert, aber einige der Szenen, Dialoge und Figuren wurden fiktionalisiert.

ISBN: 9798373346306

IHR KOSTENLOSES BUCH WARTET

HOLEN SIE SICH EIN KOSTENLOSES EBOOK ÜBER EINE DER BERÜCHTIGTSTEN SERIENMÖRDERINNEN AMERIKAS, DOROTHEA PUENTE, VON BESTSELLERAUTOR RYAN GREEN.

FANGEN SIE JETZT AN ZU LESEN!

amazon

WWW.RYANGREENBOOKS.COM/GRATISBUCH

Sabrina

Eine gelungene Geschichte,wie gewohnt im angenehmen und fesselnden Schreibstil. Wer Reue Crime mag, kommt an Ryan Green nicht vorbei. Das Buch ist durchaus sehr zu empfehlen.

nonestmecum

Schockierend, Herz zerreißend. Und lässt einen sprachlos zurück.

Frank Kupfer

Das Buch ist spannend geschrieben. Die Einblicke in die Psyche dieser Frau offenbart, dass sie das nachgelebt hat, was ihr vorgelebt wurde. Sie war gefangen in ihrer Gedankens- und Gefühlswelt.

Ben

Das Buch ist spannend geschrieben. Die Einblicke in die Psyche dieser Frau offenbart, dass sie das nachgelebt hat, was ihr vorgelebt wurde. Sie war gefangen in ihrer Gedankens- und Gefühlswelt.

INHALT

Verloren auf See 7
Für den Dreck geboren 15
Der Malsaal 22
Aus der Bahn geworfen 32
Die Spur der Asche 46
Müßiggang ist aller Laster Anfang 59
Mehr Gewicht 71
Am besten kalt serviert 85
Ein normaler Mann 96
Herz der Finsternis 109
Die Jungs eines Sommers 120
Der Flusspirat 133
Dannemora 147
Der Höhepunkt 161
Beeil dich 169
Wollen Sie mehr? 176
Unterstützen Sie Ryan Green 177
Über Ryan Green 178
Mehr Bücher von Ryan Green 179
Kostenloses Hörbuch über wahre Verbrechen 183

Verloren auf See

Carl wollte ihn, bevor er überhaupt wusste, warum. In den New Yorker Bars trieben sich jeden Abend zahlreiche Matrosen herum und die Anziehungskraft eines Mannes in Uniform war nicht zu unterschätzen. Allein diese Anziehungskraft hatte Carl im Laufe der Jahre zu einigen Fehlentscheidungen verleitet, aber nichts davon war von Bedeutung im Vergleich zu dem selbstbewussten Grinsen und dem großspurigen Gang des Mannes am anderen Ende des Raumes. Dieser kleine Bastard hielt sich für den König der Welt. Er glaubte tatsächlich, dass er mit seiner gebügelten Uniform und dem Grübchen am Kinn jeden für sich gewinne, dass er ewig lebe und in den Tagträumen jedes Menschen – ob Mann, Frau oder Kind –, der ihm über den Weg lief, der Held wäre. Carl hatte im Laufe der Jahre viele solcher Männer kennengelernt und – wenn die Zeit ausreichte – jeden einzelnen von ihnen gebrochen.

Es gab kein schöneres Geräusch als dieses kleine, animalische Stöhnen, wenn ihre Illusionen zerfielen. Wenn sie erkannten, dass die dünne Schicht der Zivilisation so leicht abgetragen werden konnte, dass die wilde Wahrheit darunter zum

Vorschein kommt. Carl liebte es, sie zu unterrichten. All diese jungen, stolzierenden, aufrechten Bürger, die dachten, die Welt schulde ihnen mehr als nur Schmerz. Er liebte es, dabei zu sein, wenn sie erkannten, dass es in dieser Welt eine Macht gab, die größer als ihre eigene war. Und diese Macht wollte, dass sie litten.

Natürlich war er zu routiniert, um sein Interesse an diesem Jungen kundzutun. Wenn er zu dominant auftrat, fühlten sie sich bedroht und zogen sich mit eingezogenem Schwanz in die Kaserne zurück. Carl musste sie reizen, abwarten, bis sie ihre Drinks geleert hatten, und herausfinden, wie viel Druck er ausüben musste, um sie dazu zu bringen, mit ihm mitzukommen. Wenn sie so arm aufgewachsen waren wie er, musste er ihnen nur etwas Geld geben und eine Bezahlung für ihre Hilfe auf seinem Boot in Aussicht stellen. Die armen Jungs waren einfachsten zu erkennen, weil sie immer zu sehr auf ihre Schuhe achteten, anstatt ausgelassen zu tanzen.

Abgesehen von denjenigen, die man für ein paar Dollar kaufen konnte, gab es in der Marine jede Menge Unzucht Treibende, die sich um keinen anderen Preis als das Versprechen eines lüsternen Grinsens dazu überreden ließen, sich ihm anzuschließen. Diese Männer gefielen ihm am besten, weil sie am meisten zu verlieren hatten, wenn auch nur ein Wort von dem, was er mit ihnen tat, nach außen drang. Natürlich schämte er sich für keinen Mann, den er auf seinem Boot vergewaltigt hatte, aber diese Männer konnten nicht einmal so tun, als wäre es eine Lüge. Sie würden lieber leugnen, überhaupt mit ihm mitgegangen zu sein, als zuzugeben, dass sie sich gerne etwas in den Hintern schieben ließen. Und wenn er wollte, konnte er sie wieder freilassen, wenn er mit ihnen fertig war. Nicht, dass er das jemals gewollt hätte ...

Manche waren schwieriger zu fassen, aber umso befriedigender war es für Carl, wenn er sie dann doch erwischt hatte ... diese eingebildeten Typen wie der, der gerade hereinspaziert war. Man musste sie mit Schnaps abfüllen, ihr Ego stärken, sie ein wenig beschwatzen. Es war ein einziger großer Balanceakt, sie davon zu überzeugen, dass es in ihrem Interesse sei, einen Tag segeln zu gehen. Während ihres Urlaubs einen Tag auf einer privaten Jacht zu verbringen und dabei genug Geld zu verdienen, um es sich während des restlichen Landgangs gut gehen zu lassen. Carl erzählte ihnen immer, dass es eine Party sei, dass sie kaum segeln würden, dass es lockere Frauen gäbe und der Alkohol in Strömen fließen würde. Auf seinem Boot gab es zwar Schnaps, aber die einzigen Frauen waren die, die er aus den unverbrauchten Jungs machte, wenn er ihre Gesichter auf die harten Holzbänke presste und sie dazu brachte, nach ihren Müttern zu schreien.

So sehr Carl diesen neuen Matrosen auch wollte, war er doch mehr ein Opfer der Gelegenheit als der Begierde. Wenn die Band ihr letztes Lied spielte und die Kneipenbesucher sich allmählich verabschiedeten, würde er sich an den Matrosen heranmachen. Mit etwas Glück würde er den Jungen mit den üblichen Lügen auf das Schiff locken und behaupten, dass die Akista überholt werden müsse oder dass er Hilfe beim Segeln und Feiern brauche. Würde der Junge keinen Gefallen an diesem Gedanken finden oder Carl den Eindruck gewinnen, dass er mehr Ärger machen würde, als er wert war, würde er sich einfach ein anderes Opfer suchen. In diesen Bars konnte man sich vor Matrosen kaum retten. Also würde es ihm nicht schwer fallen, wenigstens einen zu finden, der ihm gefiel und dumm genug war, auf sein Gerede hereinzufallen.

Die Nacht verging wie im Flug und der Alkohol floss in Strömen. Es gab nur sehr wenige Dinge in seinem Leben, die Carl wirklich genoss, anstatt sie nur zu ertragen. Whiskey stand definitiv auf Platz zwei dieser Liste. Und an diesem Abend bemühte er sich – wie an den meisten Abenden –, ihn so gut er konnte zu genießen, ohne dass er seine anderen Pläne durchkreuzte. Wenn überhaupt, würde das Lallen in seiner Stimme nur den Eindruck bestärken, dass er ein Narr wäre, der mit zu viel Geld um sich warf und einfach nur feiern wollte. Niemand erwartete, von einem betrunkenen Mann überlistet zu werden. Carl hatte sich schon immer darauf verlassen können, dass man ihn unterschätzte. Solange sie ihn für dumm hielten, würden die Leute die Momente, in denen er sie übervorteilte, als Zufall abtun.

Er hatte sein ganzes Leben damit verbracht, übersehen zu werden. Er zog die Schultern ein, um kleiner zu wirken. Er lächelte ständig ausdruckslos, wenn Leute ihn beleidigten, weil sie glaubten, ihre Worte würden seinen Horizont übersteigen. Er kannte das Geheimnis hinter dem Schleier der Welt und verspürte nicht das Bedürfnis, die Aufmerksamkeit auf sich zu lenken. Diese Form von Prahlerei brachte nur Ärger. Wenn es nach Carl ginge, würde er durch das Leben gleiten wie ein Hai durch das Wasser und nicht eine einzige Welle zurücklassen.

Seine Taktik zahlte sich aus, als der Junge sich ohne Aufforderung auf einen Hocker neben ihn setzte. Zwischen den Drinks hatte Carl seine Fühler nach einigen der weicher aussehenden Matrosen ausgestreckt: Einer hatte ihm einen diebischen Blick zugeworfen, der andere zupfte ständig an seiner Uniform herum, sodass sie an den Manschetten allmählich ausfranste. Beides leichte Beute, mit der er sich gerne begnügen würde, wenn ihm das Glück nicht hold sein sollte. Aber offensichtlich waren die zufälligen Kräfte des Chaos hinter den Kulissen an diesem Abend ganz auf seiner Seite.

„Ich habe gehört, Sie suchen jemanden, der morgen für Sie segelt. Jemand mit ein bisschen Erfahrung." Carl konnte sich nur mühsam ein Lachen verkneifen, als dieser Trottel mit dem markanten Kinn versuchte, sich als weiser alter Seemann auszugeben. „Nun, die beiden da drüben sind nette Kerle, und Gott weiß, dass Tony das Geld gut gebrauchen kann. Aber nach dem, was ich höre, brauchen Sie etwas mehr Klasse. Schließlich haben Sie eine Jacht, kein kleines Beiboot, und suchen jemanden, der nicht nur weiß, wie man die Takelage bedient, sondern sich auch vor den Gästen korrekt verhält. Diese Jungs ... ich mag sie wirklich und sie könnten Ihre Jacht zweifelsohne steuern. Aber sobald man ihnen jemanden aus der High Society zeigt, verschlägt es ihnen die Sprache. Sie würden Sie vor Ihren feinen Freunden blamieren."

Carl seufzte, verbarg das Lächeln und kämpfte mit einem weiteren Schluck Whiskey darum, die Gesichtszüge unter Kontrolle zu behalten. „Danke für die Warnung, mein Junge. Dann werde ich wohl weiter suchen."

„Das ist nicht nötig. Ich kenne genau den richtigen Seemann für Sie. Er sitzt genau vor Ihnen."

Carl versuchte, an dem Jungen vorbeizuschauen, um zu sehen, wie er ihn wütend machen konnte, aber wieder einmal nahm sein Gegenüber an, dass Carl der Idiot wäre und nicht er. „Nein, ich meine mich. Sie sollen mich anheuern."

Es kam nicht oft vor, dass Carl jemanden traf, der so verzweifelt seinen Tod wünschte. „Ich bin mir nicht sicher.

Die anderen Jungs sehen aus, als wären sie schon viel öfter auf dem Meer gewesen als du."

„Das stimmt, aber sie haben ihre Zeit ausschließlich auf Dampfern verbracht. Sie können ein Großsegel nicht von einem Ruder unterscheiden. Ich dagegen segle schon auf richtigen Schiffen, seit ich über die Reling pinkeln kann."

Carl ließ den Anflug eines Lächelns über sein Gesicht huschen. „Ist das so?"

„Oh ja. Ich habe mehr Verbrennungen durch Taue erlitten als diese Jungs durch warme Mahlzeiten, und wenn Sie auf der Suche nach einem echten Seemann sind, bin ich Ihr Mann."

Carl kippte den Rest seines Whiskeys hinunter und grinste, als er sich den Weg durch seinen Schlund bahnte. „Also gut, mein Junge, hol deinen Mantel."

„Ist das Ihr Ernst, Mister?" Das Gesicht des arroganten kleinen Mistkerls erhellte sich vor Freude.

Carl schauderte. Er würde jeden Moment genießen. Er würde das Glück aus dem Jungen herauspressen, bis nichts mehr übrig war außer Schmerz. Und dann würde er diesen Schmerz wie einen Klaps auf den Hintern aussehen lassen. Er lächelte. „Ich habe eine Flasche von dem guten Zeug auf dem Schiff und eine freie Koje, in der du dich ausschlafen kannst. Dann bist du für morgen bestens gerüstet. Was sagst du dazu?"

„Das klingt gut, Mister. Ich hole nur meine Sachen."

Carl hielt ihn mit einem eisernen Griff in den Nacken auf. Als er das erste Aufflackern von Verwirrung hinter der Trunkenheit sah, zog er den Jungen näher heran und flüsterte ihm ins Ohr: „Am besten erzählst du deinen Freunden nichts davon. Ich möchte nicht, dass sie beleidigt sind, nur weil ich dich ihnen vorziehe."

„Sie haben recht, Mister. Ich will niemanden verärgern."

Carl löste seinen Griff und klopfte dem Seemann auf den Rücken. „Wir sehen uns dann vor der Tür."

Draußen auf der pechschwarzen Straße hallte Musik aus den Bars und Klubs, die ihren Weg säumten. Carl ließ sich treiben und versuchte, in dem Chaos eine einzige Melodie auszumachen, aber es gelang ihm nicht. Das Licht, das zwischen den schlecht sitzenden Fensterläden hindurchfiel, beleuchtete ihn nur kurz, als er vorbeiging, und sein hageres, kaltes Gesicht zeigte keinerlei Regung.
Der Junge aus der Bar holte ihn im Laufschritt ein. „Hey, warten Sie."
„Ich wollte nicht ohne dich gehen, mein Junge. Keine Angst." Der Junge fummelte in seiner Tasche nach einer selbstgedrehten Zigarette und Carl hatte seine helle Freude daran, ihn mit dem Aufflackern eines bereitwillig angebotenen Streichholzes zu blenden. Der Junge sah in diesem erschrockenen Moment so jung und unschuldig aus, dass Carl ihn fast in die Gosse geworfen und sich auf der Stelle mit ihm vergnügt hätte. Fast hätte er all seine sorgfältige Planung über den Haufen geworfen, nur um den perfekten Moment der Verzweiflung schneller zu erreichen. Doch er tat es nicht, denn sein ungestümes Verhalten hatte ihm schon oft genug Ärger eingebracht. Aber die Versuchung war groß ...
Er legte dem Matrosen einen Arm um die Schultern und führte ihn vorsichtig über das Kopfsteinpflaster, um ihn vor neugierigen Blicken und Ablenkungen zu schützen. Auf dem Boot wartete noch mehr Whiskey auf den Jungen, der so viel besser war als das Gesöff, das in der Bar verkauft wurde. Das war Unterhaltung genug, um den kleinen Bastard dranzukriegen. Sobald er wunderschön und wehrlos wäre,

würde Carl ihm das Einzige auf der Welt antun, was er noch mehr liebte als Whiskey, wenn er die Finger fest um die Kehle des wertlosen kleinen Bastards schloss.

Am nächsten Morgen würde die Akista in See stechen, genau wie Carl es in der Bar gesagt hatte. Das war keine Lüge gewesen. Die einzige Täuschung hatte darin bestanden, wer am Ruder stehen würde und welche Art von Seefahrt sie unternehmen würden. Dieser kleine Matrosenjunge würde unten im Laderaum liegen, damit sein Geruch Carls Nase nicht beleidigen konnte, und ihr Ziel würde sein bevorzugter Abladeplatz für all die Matrosen sein, die er zuvor vergewaltigt und ausgeraubt hatte. Er machte sich nie die Mühe, sich ihre Namen zu merken. Schließlich war es ja nicht so, dass einer von ihnen die erste Nacht überleben würde.

Für den Dreck geboren

Am 28. Juni 1891 wurde in East Grand Forks, Minnesota, ein Junge geboren – das achte und letzte Kind der preußischen Einwanderer Johann und Mathilda Panzram. Zu sagen, dass Carl nicht so sehr geschätzt wurde wie seine älteren Brüder, wäre eine Untertreibung. Dabei war es nicht so, dass seine Eltern jemanden bevorzugten oder dass er besonders grausam behandelt wurde. Sie waren einfach nur ständig erschöpft. Die beiden arbeiteten Tag und Nacht als „dreckige Farmer" auf einem unfruchtbaren Stück Land, das der Familie außerhalb von Warren, Minnesota, gehörte. Sobald ein Kind laufen konnte, musste es mitarbeiten. Zu diesem Zeitpunkt wurde das Land noch an Einwanderer in die Vereinigten Staaten vergeben und trotz ihrer mangelnden Erfahrung als Landwirte waren Johann und Mathilda fest entschlossen, den amerikanischen Traum zu verwirklichen – ein Traum, der mit jedem neuen Mund, den sie stopfen mussten, und mit jeder Missernte, die sie hinnehmen mussten, in immer weitere Ferne rückte.

Jeder von Carls sieben älteren Brüdern hatte seine Aufgaben auf dem Hof zu erledigen und es dauerte nicht lange, bis auch Carl mit den gleichen undankbaren Arbeiten betraut wurde. Der Staat schrieb vor, dass alle Kinder ab dem fünften Lebensjahr die Schule besuchen mussten, und Carl hatte vielleicht erwartet, dass er dadurch von der Farmarbeit befreit werden würde, aber die Zeit, die er in der Schule verbrachte, wurde nicht von den ihm zugewiesenen Arbeitsstunden abgezogen. Stattdessen wurde seine Schlafzeit gekürzt, sodass ihm schließlich nur noch zwei Stunden Schlaf blieben und er den Rest der kalten Nacht draußen mit jener harten körperlichen Arbeit verbrachte, die früher seine Tage bestimmt hatte.

Der Schlafmangel und die harte Arbeit forderten bald ihren Tribut. In den ersten Wochen war Carl nur erschöpft, aber bald verschlechterte sich sein Zustand immer weiter. Seine schulischen Leistungen litten sofort unter der Situation und jede Frage, die ihm gestellt wurde, wurde nur mit einem leeren Blick beantwortet. Auf dem Schulhof fiel es seinen Klassenkameraden schwer, ihm eine Antwort zu entlocken, selbst wenn es Zeit zum Spielen war und sie ihn mit seinem Lieblingsspiel lockten: Cowboys und Indianer.

Carl war ein lebender Toter, kaum 7 Jahre alt und völlig verloren. Die körperlichen Auswirkungen dieser Erschöpfung folgten bald auf seine geistige Verzweiflung. Er bekam einen quälenden Husten, der nie zu verschwinden schien, und ein Dutzend anderer kleinerer Beschwerden, doch die Familie konnte sich natürlich keinen Arztbesuch leisten. Nach einigen Monaten bekam er eine gefährliche Ohrenentzündung, die zu einer so starken Schwellung führte, dass er auf einem Ohr taub wurde. Selbst seine sonst sehr nachlässigen Eltern konnten ihn nicht einfach in diesem Zustand lassen. Die Infektion machte ihn nicht nur taub, sondern beeinträchtigte auch sein Gleichgewicht so stark, dass er nicht mehr gerade gehen konnte. Doch wenn Carl nicht mehr laufen konnte, konnte er auch nicht mehr arbeiten, und das war ein inakzeptabler Zustand. Aber da sich die finanzielle Situation der Familie nicht wesentlich verändert hatte, beschloss sein Vater, das Fachwissen, das er im Umgang mit Nutztieren erworben hatte, bei seinem eigenen Sohn anzuwenden.

Eines Abends versammelte sich also die ganze Familie um den Esstisch und hielt Carls geschwächten und hilflosen Körper fest, während sein Vater sich mit einem Küchenmesser an seinem Ohr zu schaffen machte und versuchte, die Ursache der Infektion wie bei einer an einem Geschwür leidenden Kuh zu beseitigen. Jeder seiner Brüder musste sein ganzes Gewicht einsetzen, um Carl festzuhalten, während der Junge vor Schmerzen brüllte und sein Vater ihn ungerührt aufschnitt. Es war sein Glück, dass er vor Schmerz ohnmächtig wurde, bevor sein Sturz das Messer in sein Gehirn trieb. Lange Minuten später wurde er aus seiner Ohnmacht geholt, indem man ihm fast kochend heißes Wasser ins Ohr schüttete, um „die Wunde zu reinigen". Und dieses Mal reichte selbst die Kraft der ganzen Familie nicht aus, um ihn festzuhalten. Er riss sich los und schrie aus Leibeskräften, und als einer seiner Brüder versuchte, näher an ihn heranzukommen, um ihn erneut zu packen, landete eine Faust in seinem Gesicht. An diesem Tag verlor Carl für immer jede Kontrolle über sein Temperament. Seine Brüder behaupteten später, die Schmerzen hätten ihn in den Wahnsinn getrieben, aber die grausame Wahrheit war, dass die ungeschickten Operationsversuche seines Vaters höchstwahrscheinlich Auswirkungen auf sein Gehirn gehabt hatten, insbesondere auf den Frontallappen, dem die Impulskontrolle obliegt.

Von diesem Tag an stand Carl in dem Ruf, wild und gewalttätig zu sein. Selbst auf die kleinste Beleidigung reagierte er mit Faustschlägen. Wäre die Operation erfolgreich verlaufen, hätte dies wahrscheinlich so lange ein größeres Problem dargestellt, bis er gelernt hätte, sein Temperament zu kontrollieren. Doch die Infektion seines Ohrs breitete sich immer weiter aus, bis Carl schließlich mehrere Wochen im Krankenhaus bleiben musste. Durch die Schnitte im Ohr hatten sich die Bakterien noch tiefer in seinem Kopf ausbreiten können und wahrscheinlich kam es während seines Krankenhausaufenthalts zu einer Gehirnentzündung, die zu einigen kleineren Anfällen führte.

Als er irgendwann entlassen wurde, war der Zerfall der Familie Panzram bereits im Gange. Die Kosten für seinen Krankenhausaufenthalt hatten ihre ohnehin schon schwachen Finanzen in den Abgrund gerissen und ein Bruder nach dem anderen hatte bald anderswo Arbeit gefunden und ein neues Leben begonnen. Derweil wurde Carl in seinem Elternhaus zu einem wahren Schrecken, den weder Vater noch Mutter kontrollieren konnten, denn er konnte genauso schnell um sich schlagen, wie er gehorchen konnte, sobald man ihm eine Aufgabe auf dem Hof gab.

Ohne Hoffnung, seinen Traum von einer florierenden Farm aufrechtzuerhalten, verschwand Johann nicht lange nach dem letzten seiner Söhne – angeblich, um Hilfe bei entfernten Verwandten zu suchen, die sich weiter östlich niedergelassen hatten. Doch in Wirklichkeit hatte er nie die Absicht, zurückzukehren. Nun verfügte der Hof über keine fähigen

Arbeitskräfte mehr und die arme Mathilda musste für sämtliche Schulden aufkommen. Mithilfe der örtlichen Gemeinde und durch den Verkauf großer Teile ihres Landes konnte sie zwar das Haus der Familie vor dem Zugriff der Bank retten, aber die Familie blieb als arme Schlucker zurück, die sich abrackern mussten, um Essen auf den Tisch und Kleidung auf die Leiber zu bekommen. Jedes Kind, das alt genug war, um zu arbeiten, hatte beim ersten Anzeichen von Ärger das Schiff verlassen, und obwohl Mathilda sich von den Kindern, die sie großgezogen hatte, etwas Unterstützung erhofft hatte, hatte die kalte und lieblose Umgebung keinem von ihnen einen Sinn für Sentimentalität vermittelt. Sie war mit Carl auf sich allein gestellt und Carl wurde schnell zu einer Gefahr für sich und andere.

Johann Panzrams Anwesenheit und damit die allgegenwärtige Bedrohung durch den Vater waren das Einzige gewesen, das Carls Verhalten im Zaum gehalten hatte. Doch als diese Beschränkung endgültig aufgehoben wurde, tat er nur noch, was er wollte. Abgesehen von einigen sporadischen Gelegenheiten schwänzte er die Schule nach seiner krankheitsbedingten Abwesenheit, und da er zum ersten Mal in seinem Leben Zeit hatte, streifte Carl frei durch Warren, sah sich die Gegend an und dachte über alles nach.

Wie die meisten Orte in den USA um die Jahrhundertwende war auch Warren eine Stadt, in der extremer Reichtum und entsetzliche Armut oft nur einen Spaziergang voneinander entfernt lagen. Carl versuchte zu verstehen, warum manche Menschen alles hatten, was sie sich nur wünschten, und andere gar nichts, aber er war noch zu jung, um eine schlüssige Philosophie zu entwickeln, die das erklären konnte. Was er aber mit Sicherheit wusste, war, dass er die Dinge haben wollte, die die reichen Leute hatten, und die Gelegenheit nutzen würde, wenn sie sich ihm bot.

Kurz darauf wurde er zum ersten Mal verhaftet, allerdings nicht wegen Einbruch oder Diebstahl, sondern wegen Trunkenheit in der Öffentlichkeit. Er hatte die Schnapsvorräte seines Vaters gestohlen, lange bevor sich dieser aus dem Staub gemacht hatte – seine älteren Brüder hatten ihm früh beigebracht, wie man das einfache Schloss am Schrank knackte. Doch da dieser Vorrat nun versiegt war, ging Carl in die Bars der Stadt, wo er von einigen Stammgästen als eine Art Maskottchen adoptiert wurde. Nach einem solchen Verhältnis würde er später immer wieder suchen, aber diesen freundschaftlichen, fast familiären Umgang mit den Betrunkenen, bei dem sie ihm nur wegen seiner jugendlichen Gesellschaft einen Schluck Whiskey spendierten, würde er in der großen weiten Welt nie mehr wiederfinden. Zunächst hatten ihn die Polizisten aufgegriffen, weil er sich mit einem mehrere Jahre älteren Jungen auf der Straße geprügelt hatte. Sie wollten es schon als jugendlichen Scherz abtun, aber als sich herausstellte, dass er betrunken war, mussten sie ihn schließlich verhaften.

Kaum hatte man ihn wieder in die Obhut seiner Mutter entlassen, kehrte Carl schnurstracks in die Bar zurück und suchte nach seinem nächsten Drink. Der Alkohol ließ sein schmerzlich ungerechtes Leben weniger unfair erscheinen und wurde bald zu einer Notwendigkeit, um den Tag zu überstehen. Seine einzige negative Auswirkung – abgesehen vom Kater, der nur von seinen regelmäßigen Kopfschmerzen übertroffen wurde – war das Sinken seiner Hemmschwelle. Mit seinem jähzornigen Temperament wurde er somit zu einer Gefahr für sein Umfeld. Doch wenn er dadurch in

Schwierigkeiten geriet, zählten seine Taten glücklicherweise eher zur kindlichen Sorte. Als Kind hatte er oft auf einer Anhöhe gesessen, auf das gepflegte und luxuriöse Farmhaus ihrer Nachbarn gestarrt und darüber nachgedacht, warum deren Leben so viel angenehmer war als ihres. Nun kam er in seinem angetrunkenen Zustand zu der Erkenntnis, dass der einzige Unterschied zwischen ihm und ihnen darin bestand, dass sie sich genommen hatten, was sie wollten.

Also lief er schnurstracks zu ihrem Haus hinunter, trat durch die offene Haustür ein und stahl in der Küche einen Kuchen und einen Apfel. Wäre dies das Ende dieses „jugendlichen Streichs" gewesen, hätte sich die Justiz wahrscheinlich nie eingemischt. Er hätte von seiner Mutter eine Tracht Prügel bekommen und sich entschuldigen müssen. Doch zu diesem Zeitpunkt hatte der junge Carl noch recht romantische Vorstellungen von sich selbst und hatte als Kind immer Cowboy werden wollen. Als er nun einen Revolver in einer Glasvitrine entdeckte, wurde er von diesem angezogen wie die Motte vom Licht. Mit der Waffe im Gürtel und dem Kuchen unter dem Arm machte sich Carl auf den Weg nach Hause und freute sich über seine Beute.

Die Polizei traf kurz vor Sonnenuntergang ein. Sie hatte den Nachbarn nur wenige Fragen stellen müssen, um die Identität des Täters zu ermitteln. Schließlich war Carl bereits als Unruhestifter bekannt und dieses Mal würde er nicht ungeschoren davonkommen. Das Gericht wollte an ihm ein Exempel statuieren, um alle anderen armen Jungen, die in Versuchung geraten könnten, den Reicheren in ihrer Nachbarschaft etwas wegzunehmen, in Schach zu halten.

Der Malsaal

1902 wurde Carl in die Obhut der Minnesota State Reform School übergeben, einer christlichen Besserungsanstalt, die auf den Grundsätzen der Disziplin und Reinheit durch Geißelung beruhte.

Bei seiner Ankunft wurde der 11-jährige Carl an den imposanten Betongebäuden und hohen Zäunen vorbei in das gemütliche Büro des Direktors geführt, der darauf bestand, dass alle Kinder in seiner Obhut ihn mit „Vater" anredeten. Nachdem die Tür hinter Carl geschlossen und verriegelt worden war, befragte der Gefängnisdirektor ihn über seine homosexuellen Neigungen. Im Alter von 11 Jahren besaß Carl noch keine und hatte vor diesem Gespräch noch nie etwas von Homosexualität gehört, erhielt nun aber einen Crashkurs mit allen blutigen Details. Er wurde von der Taille abwärts entkleidet und der Direktor untersuchte mit großem Tamtam sowohl seine Genitalien als auch sein Rektum sorgfältig auf „Anzeichen von Sünden". Während der Junge entblößt war, beschrieb der Direktor mit hochrotem Gesicht detailliert, was ein wollüstiger Homosexueller mit ihm anstellen würde. Seine Beschreibung ging bald über Worte hinaus und führte zu physischen Demonstrationen einiger der Handlungen. Als Carl eine Stunde später sein Büro verließ, war er von der Behandlung, die er gerade erfahren hatte, vor Schock verstummt, doch es sollte bald noch schlimmer werden.

Die Schlafräume waren spartanisch, aber nicht schlechter als das, was Carl bisher gewohnt war, und sein Ruf als Raufbold eilte ihm voraus, sodass die anderen Jungen ihn in Ruhe ließen. Er hatte kein Interesse daran, sich mit ihnen anzufreunden, und sie hatten nicht die Absicht, einem finsteren Fremden, der nicht wusste, wie die Dinge hier liefen, die Hand zu reichen. In dieser Nacht schlief er unruhig und tat sein Bestes, um nicht an das zu denken, was ihm auf dem Schreibtisch des Direktors angetan worden war. Am Morgen holten ihn zwei Wärter ab, die vom Direktor als „Helfer" bezeichnet wurden, und die ihm die Möglichkeiten lehren sollten, durch die er in ihrer Obhut zu einem besseren Menschen werden sollte. Noch vor Sonnenaufgang marschierte er mit ihnen bis zum äußersten Rand des Geländes, weit weg vom Büro des Direktors, der Straße und jedem Anflug von Zivilisation, zu einem gedrungenen hölzernen Lagerhaus, das für jeden Passanten unsichtbar war. Dies war der Ort, der den jungen Carl zu dem Mann formen sollte, der er eines Tages werden würde. Das war der Malsaal. Als er hörte, wie die Wachen ihn nannten, nahm Carl an, dass er seine Zeit damit verschwenden würde, das Streichen von Wänden zu lernen – oder, noch schlimmer, dass er in irgendein schwachsinniges Kunstprogramm gesteckt werden würde. Doch er hätte sich keine Sorgen machen müssen. Man nannte ihn den Malsaal, weil die Kinder dorthin gebracht wurden, um ihre Körper schwarz und blau ‚anzumalen'. Man brachte alle Neuankömmlinge zuerst hierher, um ihnen deutlich zu machen, welche Behandlung ihnen bevorstand, wenn sie während ihres Aufenthalts aus der Reihe tanzten.

Zum zweiten Mal innerhalb weniger Tage wurde Carl komplett entblößt. Dann wurde er mit dem Gesicht nach unten auf einer Holzbank festgeschnallt, und ein dünnes, mit Salzwasser getränktes Handtuch über seinen Rücken gelegt. Bald darauf begann das Auspeitschen. Der Gürtel, mit dem er geschlagen wurde, war von einem Lederer speziell nach dem Entwurf des Direktors angefertigt worden. Es handelte sich dabei um ein breites Stück Leder, das über und über mit Löchern versehen war, ähnlich denen, die man an einem normalen Gürtel fand, aber mit einem ganz anderen Zweck. Jedes Mal, wenn der Gurt den Rücken des Jungen traf, zog er die Haut, die in diesen Löchern eingeklemmt war, zu einer Blase zusammen, und wenn ein Schlag auf dieselbe Stelle fiel, platzten diese Blasen, und das brennende Salzwasser tat seine schreckliche Arbeit.

Bei diesem ersten von vielen Besuchen auf der Strafbank kam der Gefängnisdirektor selbst, um Carls Schmerzensschreie zu hören und sich in ihnen zu sonnen. Jedes Mal, wenn Carl schrie, errötete das Gesicht des Direktors noch mehr. Er genoss jeden Moment. Doch in der Sekunde, in der Carl bemerkte, dass seine Peiniger sich an seinen Schmerzensschreien erfreuten, wurde er totenstill. Selbst als sie ihn immer härter schlugen, gab Carl keinen Ton von sich. Die brutalen Quälereien, die das Böse aus diesem Jungen herausprügeln sollten, hatten auf Carl eine ganz andere Wirkung. Sie prügelten jede menschliche Schwäche und Empathie aus ihm heraus. Sie machten ihn zu einem Mann.

Nach der gründlichen Auspeitschung blieb ihm keine Zeit, sich zu erholen. Carl musste sich seine schmutzigen Kleider über den brennenden Rücken streifen und zum Morgenunterricht gehen. Der Unterricht konzentrierte sich ausschließlich auf das Bibelstudium und Diskussionen über Moral – auch wenn ‚Diskussionen' vielleicht ein zu starkes Wort für das Auswendiglernen und Wiederholen der Ansichten war, die die Besserungsanstalt ihren Schützlingen vermitteln wollte.

Nach dem Unterricht gab es eine kurze Mittagspause, bevor die Kinder sich an ihre Arbeitsaufträge machten. Da Carl über keine nennenswerten Fähigkeiten verfügte, wurde er in der Küche eingesetzt, um das Abendessen für die Wachen und den Direktor zuzubereiten. Am ersten Tag in der Küche erledigte Carl seine Aufgaben mechanisch und nahm seine Umgebung kaum wahr, aber es dauerte nicht lange, bis ihm klar wurde, wie er sich an den Wachen rächen konnte. Er urinierte in jede Flüssigkeit, die er in die Finger bekam, und masturbierte bei jeder Gelegenheit in das Essen, völlig unbeachtet von den älteren Jungen, die ihn beaufsichtigen sollten, und dem einzigen Wachmann, der in der Küche darauf zu achten hatte, dass kein Messer verloren ging.

Unnötig zu sagen, dass Carl im Unterricht nicht gut abschnitt. Er hatte keinen Respekt vor den pseudoreligiösen Lehrern, die die Jungen erziehen sollten, und glaubte nicht daran, dass das Abnicken ihrer Plattitüden der Weg in den Himmel war. Außerdem wollte er weder vor den anderen Jungen noch vor den Wachmännern Schwäche zeigen. All dies führte dazu, dass er jeden Tag in den Malsaal geschleppt wurde. Seine Wunden schlossen sich nie und es grenzte an ein Wunder, dass sie sich nie infizierten, da den Kindern nur selten die Möglichkeit gegeben wurde, sich zu waschen.

Die Wärter in der Besserungsanstalt sahen Carls Verhalten und Einstellung als direkte Herausforderung ihrer Autorität an und ihn als das einzige Kind, das sie nicht brechen konnten. Also taten sie das Einzige, was für sie Sinn ergab: Sie versuchten es weiter. Diese Wächter waren ungeschult und mussten weder überprüft noch ausgebildet werden, wie es bei richtigen Gefängniswärtern der Fall war. Die Fluktuation bei den neuen Wächtern war enorm, sobald sie erfuhren, welche Aufgaben sie tatsächlich zu erfüllen hatten, aber die, die blieben, blieben für immer, und die Geschichten, die sie im Ort verbreiteten, zogen noch mehr ungebildete Sadisten auf der Suche nach Arbeit in die Besserungsanstalt. Nicht nur, dass diese Männer vor der Aufgabe nicht zurückschraken, Jungen zu prügeln, bis sie sich unterwarfen, sie waren sogar begeistert von ihr. Doch selbst sie waren angesichts von Carls Stoizismus überfordert. Egal, was sie dem Jungen antaten, sie konnten ihn nicht brechen, und meistens endeten die Sitzungen im Malsaal nicht, weil der Junge nicht mehr konnte, sondern weil seine Peiniger zu erschöpft waren.

Angesichts dieser Herausforderung griff der Direktor tief in die eigene Tasche und gab ein neues Handwerkszeug für den Malsaal in Auftrag. Diesmal ging es nicht um bloße Lederarbeiten, sondern um ein richtiges Schlaggerät mit Kurbelantrieb, das die ganze Arbeit leisten würde, die es brauchte, um Kinder zur Unterwürfigkeit und Gottesfurcht zu prügeln. Zwar war das Bestrafen dadurch weniger anstrengend, aber seine Schläge waren auch wesentlich unwirksamer als jene Schläge, die mit menschlicher Bosheit ausgeführt wurden. Gerade die Beständigkeit, für die die Maschine gebaut wurde, erwies sich als ihre größte Schwäche. Jeder Schlag, den sie austeilte, war identisch in Kraft und

Platzierung, sodass die wunden Stellen oder die Verfassung des Kindes nicht ausgenutzt wurden. Die Sitzungen im Malsaal konnten sogar noch länger dauern als zuvor, aber sie erwiesen sich als völlig nutzlos, um Carl zu brechen, und auch ihre Wirkung auf die anderen Jungen nahm deutlich ab. Während einige Wärter dies auf die neue Maschine schoben, war der Direktor überzeugt, dass Carls Trotz die Ursache für die nachlassende Disziplin war. Seiner Meinung nach sahen die anderen Jungen in ihm einen Helden, weil er trotz der Schmerzen standhaft blieb, und zogen aus seiner Verehrung Kraft für ihre eigene Rebellion. Dieser Zustand war natürlich unhaltbar und so übernahm der Direktor Carls Bestrafungen wieder persönlich, indem er sich mit dem Jungen im Malsaal einschloss und dem Albtraum, den das Kind bereits täglich ertragen musste, neue Tiefen sexueller Demütigung hinzufügte.

Während dieser ganzen Zeit mischte Carl dem Essen und den Getränken der Wächter immer noch seine kleinen Zusätze bei, ohne dass es jemandem auffiel. Der Direktor selbst aß nur selten mit den anderen, sondern bevorzugte eine privatere kultivierte Gesellschaft und die von seiner Frau zubereiteten Mahlzeiten. Doch als er eines Abends beschloss, die Moral zu stärken, indem er sich zu seinen Männern setzte, erkannte Carl seine Chance für eine direktere Rache. Anstatt in das Essen des alten Mannes zu urinieren oder zu masturbieren, besorgte er sich etwas Rattengift aus der Küche und gab es in das Essen. Zum ersten Mal wollte Carl bewusst einen anderen Menschen töten – eine Tat, zu der ihn die unendliche Brutalität, der er ausgesetzt war, gepaart mit seiner eigenen unendlichen Wut getrieben hatte. Doch während alle seine körpereigenen Zusätze zum Essen unbemerkt geblieben waren, entdeckte sein Aufpasser die offene Dose Rattengift in der Küche und hielt den Kaffee zurück.

Nachdem Carl wegen versuchtem Mord gemeldet worden war, wurde er vom Küchendienst abgezogen und stattdessen damit beauftragt, das Gelände innen wie außen sauber zu halten. Wächter und Direktor wollten den Jungen weiter bestrafen, waren jedoch an die Grenzen ihrer Vorstellungskraft gestoßen, wenn es darum ging, ihm neue Qualen zuzufügen. Sie taten bereits das Schlimmste, was sie dem Jungen antun konnten, doch das machte ihn nur noch wütender.

Carl lernte während des Besuchs der Besserungsanstalt einige moralische Lektionen, aber das waren sicherlich nicht die Lektionen, die im Unterricht vermittelt wurden. Es war vielmehr die praktische Botschaft, die er jeden Tag erhielt, während er auf einer Bank festgeschnallt war und mit der vollen Kraft eines Dutzends erwachsener Männer geschlagen wurde: Die Starken beuteten die Schwachen aus. Das war die grundlegende Wahrheit, die Carl nicht mehr aus dem Kopf ging. Die Wächter waren stärker als er und das gab ihnen das Recht, ihn nach Belieben zu quälen, solange er in ihrer Gewalt war. Doch Carl war nicht der Schwächste in der Anstalt. Weit gefehlt. Dort gab es jüngere Jungen als ihn und selbst die Jungen, die einige Jahre älter waren als er, konnten sich in einem Kampf nicht gegen ihn behaupten. Er war stärker als sie – und sie hatten Angst vor dieser Stärke. Er konnte sich vielleicht nicht an den Wachen oder dem Aufseher rächen, aber diese anderen Jungen, diese schwachen Kinder, waren ein leichtes Opfer für seine Wut.

Zu dieser Zeit war ein philosophischer Grundsatz noch weit verbreitet, eine Mischung aus reinem Eigeninteresse und den übergeordneten Idealen des Imperialismus und des göttlichen Rechts auf Herrschaft. Während in der christlichen Besserungsanstalt die abstraktere Version gelehrt wurde, bei der es darum ging, dass Gott den Menschen, die die richtigen Entscheidungen trafen, die Macht zum Regieren gab – und dabei zahlreiche biblische Könige als Beweis anführte –, konnte Carl die Idee auf die grundlegendere Wahrheit reduzieren, die Erwachsene oft zum Besten gaben: Macht macht Recht.

Er schikanierte und verprügelte die anderen Jungen, nahm seine Strafe für Regelverstöße ohne mit der Wimper zu zucken hin und spuckte den Autoritäten bei jeder Gelegenheit ins Gesicht. Der Direktor, der über diese unverhohlene Rebellion und diesen weiteren Beweis für Carls „grundsätzlich böse Natur" erzürnt war, verschärfte seine Bestrafung, bis er fast jede Arbeitsstunde damit verbrachte, von den Wärtern im Malsaal verprügelt zu werden. Sein eigenes Arbeitspensum wurde dafür in die Nacht verlegt, in der Annahme, dass die Erschöpfung allein ihn davon abhalten würde, seinen bösen Impulsen nachzugehen. Doch Carl, der bereits an einen nur zweistündigen Schlaf gewöhnt war, war gegen diese Tortur ebenso immun wie gegen alle anderen. Und nun konnte er sich nachts fast unbeaufsichtigt auf dem Gelände bewegen, angeblich, damit er all die Reinigungsarbeiten erledigen konnte, zu denen er den ganzen Tag über nicht gekommen war. Doch da niemand auf ihn aufpasste, wurden die Stunden für den Jungen schnell zur Spielzeit.

Trotz seiner mangelnden Ausbildung in nicht-moralischen Fächern verfügte Carl über eine ausgeprägte Intelligenz und es dauerte nicht lange, bis er herausfand, dass die von den Wächtern ausgeteilten Reinigungschemikalien in den falschen Händen äußerst gefährliche Substanzen waren. Und seine Hände waren ganz sicher die falschen.

Er setzte Abbeizmittel und Ähnliches als Brandbeschleuniger ein und verübte im Schutz der Nacht seinen ersten Brandanschlag. Natürlich war niemand im Malsaal, als er das Feuer legte, aber angesichts Carls Bereitschaft, den Direktor zu vergiften, erschien es unwahrscheinlich, dass ihn selbst der Gedanke, jemanden zu töten, von seinem Rachefeldzug abgehalten hätte.

Der Direktor war natürlich wütend über das Feuer und die Zerstörung der Sonderartikel, die er für diesen Raum hatte anfertigen lassen. Aber er konnte weder beweisen, dass Carl dafür verantwortlich war, noch dass es sich um Brandstiftung handelte. Dafür hätte er die örtliche Feuerwehr einschalten müssen, wodurch unweigerlich die Praktiken der Besserungsanstalt ins Zentrum der Aufmerksamkeit gerückt wären. Unter den Gefangenen war es ein offenes Geheimnis, dass Carl für die Zerstörung des verhassten Malsaals verantwortlich war, und während er sich bisher den Respekt der älteren Jungen mit seiner Unerschrockenheit und seiner Bereitschaft, gegen jeden zu kämpfen, verdient hatte, genoss er nun ihre Dankbarkeit. Eines Tages wurde er nach dem Mittagessen von einigen ‚Oberstufenschülern' zur Seite genommen, die ihm lehrten, wie man aus der Besserungsanstalt entlassen werden konnte. Nun lernte Carl die zweite wertvolle Lektion aus dieser Zeit: Die Menschen glauben jede Lüge, die man ihnen erzählt, solange es das ist, was sie hören wollen.

Am nächsten Morgen war er während des Unterrichts aufmerksam und höflich zu den Lehrern und plapperte, ohne zu zögern, jedes noch so kleine Dogma nach, das sie ihm auftischten. Doch Carl erbrachte nicht nur eine angemessene Leistung, sondern sogar eine vortreffliche. Er stellte Leitfragen, um komplexere Antworten auf moralische Fragen zu finden, er zeigte echte Einsicht in die besprochenen Themen, und – was am wichtigsten war – er zeigte endlich echte Anzeichen dafür, dass er sich den Glauben zu eigen gemacht hatte.

Carls Bekehrung war das Gesprächsthema unter den Wachen und seine gesamte Einstellung und sein Verhalten ihnen gegenüber änderte sich, als er sich von den Lektionen der Demut und des Gehorsams leiten ließ. Keinen Monat später unterzeichnete der Gefängnisdirektor mit großer Freude seine Bewährungspapiere und schickte ihn zurück in die Welt, voller Stolz über die Veränderung, die seine Methoden bei dem Jungen bewirkt hatten.

Doch dieser Stolz war gänzlich unangebracht. Alles, was Carl aus dieser Erfahrung gelernt hatte, waren eine absolute Abscheu vor seinen Mitmenschen sowie das Wissen, dass die Starken die Schwachen ausnutzten und dass er mit Lügen alles erreichen konnte, was er wollte.

Aus der Bahn geworfen

Anfang 1904 kehrte Carl im Alter von 13 Jahren in die Obhut seiner Mutter zurück und musste sofort wieder auf dem kleinen Stück Ackerland arbeiten, das der Familie geblieben war. Von der Familie Panzram waren nur noch seine Mutter und er geblieben. Seine Geschwister hatten den Kontakt abgebrochen, als die Bitten der Mutter um finanzielle Unterstützung immer hartnäckiger und verzweifelter wurden. Der einzige Bruder, der geblieben war, um auf der Farm zu helfen, war nur wenige Wochen vor Carls Rückkehr beim Schwimmen in einem nahe gelegenen Teich ertrunken. Seine Mutter, die sich nie bester Gesundheit erfreut hatte, stand nun kaum noch aus dem Bett auf und überließ den Hof seinem Verfall. Ohne einen Hauch von Pflege wuchsen die Felder zu, die Ernte verrottete und die wenigen Tiere, für die sie Geld zusammenkratzen konnten, waren dem Tod geweiht, weil sie verhungerten und schlecht gehalten wurden. Alles ging in die Brüche und Carl war hocherfreut über die Zerstörung eines Ortes und einer Familie, die er immer verabscheut hatte – und empfand dabei so viel Leidenschaft, wie er noch nie für irgendetwas hatte aufbringen können.

Nun, da er seine Freiheit zurückhatte, wollte Carl bestimmt nicht für den Rest seines Lebens Erde umgraben. Er erlöste so viele Tiere wie möglich von ihrem Elend, verkaufte die Überlebenden und zerstörte absichtlich alle Pflanzen, die eine Chance auf Erholung hatten. Je eher der Hof zugrunde ging, desto eher würde er diese elende Arbeit für immer hinter sich lassen können. Während die Farm immer weiter verfiel und immer mehr Verantwortung auf Carls Schultern lastete, kehrte er zu den alten Treffpunkten in der Stadt zurück, damit seine Mutter ihn nicht finden konnte. Dort entdeckte er die Freuden des Alkohols wieder, kam aber zu der bedauerlichen Erkenntnis, dass ein alkoholsüchtiges Kind beim Schnorren wesentlich niedlicher wirkte als ein mürrischer, trinkfester Teenager.

Also stahl er Geld aus dem Portemonnaie seiner Mutter, um seinen Alkoholkonsum zu finanzieren, aber da dort nur wenig zu holen war, dauerte es nicht lange, bis er seine alten Schulkameraden um ihr Kleingeld erleichterte. Ein Indianerjunge, der aufgrund seiner Abstammung in der Stadt bereits geächtet war, wurde bald zu seinem Komplizen, und mit zunehmender Muskelkraft wurde auch ihre Vorgehensweise stetig furchtloser. Carl raubte die Männer, die sie als Geiseln genommen hatten, nicht nur aus, sondern zog sie nackt aus und ließ sie anschließend davonlaufen. Noch war er kein Vergewaltiger, aber die Freude, die er daran hatte, diese Jungen und Männer sexuell zu demütigen, war ein Hinweis für das, was noch kommen sollte. Wahrscheinlich wäre er schon damals weiter gegangen, hätte er nicht seinen Komplizen als Richter gehabt, aber so musste er zumindest den Anschein von Höflichkeit wahren, um diese Beziehung aufrechtzuerhalten.

Tief in seinem Innern wusste Carl, dass ihn niemand akzeptieren würde, wenn er seine wahren animalischen Instinkte zeigen würde. Also übte er sich in der Heuchelei und Täuschung, die die Besserungsanstalt ihn gelehrt hatte, und tat immer so, als ob die Qualen, die er seinen Opfern zufügte, nur dazu dienten, sie so sehr zu beschämen, dass sie nicht über ihre jungen Straßenräuber sprachen – eine Taktik, die sich tatsächlich als überraschend effektiv erwies. Kein Mann wollte zugeben, dass zwei Jugendliche ihn unter Androhung von Gewalt ausgezogen, ausgeraubt und ausgelacht hatten.

Seine Mutter machte sich zunehmend Sorgen über die Entwicklung, die das Leben ihres letzten Sohnes nahm. Sie kannte nicht einen Bruchteil der Verbrechen, die er beging, aber sie sah das Geld in seinen Taschen und roch den Schnaps in seinem Atem. Irgendetwas Unerwünschtes ging vor sich und sie musste dem ein Ende setzen, bevor es sie beide zerstörte. Schließlich gelang es ihr, ihn eines Abends in die Enge zu treiben, und zwang ihn, einige Entscheidungen für sein Leben zu treffen.

Sie war gleichermaßen verblüfft und erfreut, als er ihr mitteilte, dass er Priester werden wolle. Er behauptete, er habe seine Berufung in der Besserungsanstalt gefunden – was in gewisser Weise auch stimmte – und dass er sich bei der Arbeit auf der Farm unglaublich langweile, obwohl es seiner Meinung nach so viele wichtigere Dinge gebe, denen er sich widmen solle. Mathilda schrieb noch am gleichen Abend einen Brief an das örtliche Priesterseminar und bat um die Aufnahme ihres Sohnes und um eine Art Stipendium für die Kosten seiner Schulsachen. Wenn sie eins war, dann konsequent.

Zu ihrer beider Freude erhielten sie ein Einladungsschreiben, in dem der junge Carl aufgefordert wurde, umgehend mit dem Studium zu beginnen. So fand er sich noch vor Ablauf einer Woche in der sicheren und ruhigen akademischen Welt wieder, wo sein ausgezeichnetes Gedächtnis und seine Fähigkeit, um eines Arguments willen jeden moralischen Standpunkt einzunehmen, ihn bald bei seinen Mitschülern und all seinen Lehrern beliebt machten – nur nicht bei einem. Ein deutscher lutherischer Pfarrer war als Gastdozent am Seminar und wo andere Carls Witz und Charme sahen, erkannte er hinter der fadenscheinigen Fassade die Leere. Er war nicht der Ansicht, dass Carl an irgendetwas glaubte, auch nicht an die moralischen Werte, die er auf Anhieb vertrat. Also machte er sich daran, es zu beweisen. So etablierte er sich schon früh in Carls Ausbildung als eine Art akademischer Gegner, der ihn ständig ausfragte und unter Druck setzte, wenn der Junge in seiner Rhetorik oder seinen Argumenten Fehler machte, um ihn anprangern zu können. Eine Weile konnte Carl mit dem Mann mithalten, aber bei seinem Temperament dauerte es nicht lange, bis die höflichen Widerlegungen, die er in den ersten Tagen vorbringen konnte, in brüllende Auseinandersetzungen umschlugen. Dieser Hinweis auf seine schlechte Veranlagung war genau das, wonach der Lutheraner gesucht hatte. Es ging über ein Streitgespräch hinaus und verwies auf einen Mangel an Disziplin, für den das Seminar nur eine Strafe kannte. Körperliche Züchtigung.
Carls ruhige Tage im Seminar wurden bald von den täglichen Schlägen des Deutschen unterbrochen, was ihn nur noch wütender machte. Wie konnte dieser Mann es wagen, ihn so zu behandeln, wo er doch jede Lüge genau so erzählte, wie er

sie erzählen sollte? Verstand der alte Bastard denn nicht, dass es genau so sein sollte? Man erzählte die richtigen Lügen zur richtigen Zeit, man sagte die Worte, die die Leute von einem hören wollten, und die Leute gehorchten einem. So funktionierte die Kirche. Warum funktionierte es also nicht bei diesem Lutheraner?

Carl beging während seiner Zeit im Priesterseminar noch einige kleinere Raubüberfälle, um sich Alkohol kaufen zu können, war aber der Meinung, dass Einbrüche der einfachste Weg waren, um zu bekommen, was er wollte. Die Menschen in Warren ließen den ganzen Tag über ihre Türen unverschlossen. Es war eine ruhige, unverdächtige Kleinstadt auf dem Lande, voller freundlicher Nachbarn, die einem halfen, wo sie nur konnten, und erwarteten, dass man sich mit gleicher Münze revanchierte – ein ideales Jagdrevier für einen Jungen wie Carl. Bei seinen Diebstählen erbeutete er außer dem Kleingeld, das er den Leuten aus den Taschen klaute, nur wenige Gegenstände von echtem Wert, aber unter diesen geschätzten Gegenständen befand sich vor allem ein Revolver, den einer der Farmer in einer Kiste unter seinem Bett versteckt hatte. Er genoss das Gefühl der Macht, das ihm die tödliche Waffe vermittelte, ging aber davon aus, dass seine Mutter sie entsorgen würde, wenn sie die Gelegenheit dazu hätte.

An dem Tag, der für den Jungen der letzte Tag im Seminar werden sollte, konfrontierte der Lutheraner Carl nach dem Unterricht und verlangte einen weiteren Beweis dafür, dass er den Stoff verstanden hatte. Und als ihm klar wurde, dass Carls schnelle, aber knappe Antworten ein weiteres Zeichen von Ungehorsam waren, griff er zur Gewalt. Während der Schläge fiel die Pistole aus Carls Jacke und landete auf dem Boden.

Sowohl der Mann als auch der Junge erstarrten für einen Moment und starrten auf das tödliche Stück Metall zwischen ihnen. Dann griff Carl, ohne zu zögern, nach der Pistole, spannte den Hahn, zielte genau zwischen die Augen seines Peinigers und drückte ab.

Der Lutheraner erstarrte fassungslos. Das einzige Geräusch im Raum war Carls röchelndes Atmen und das leise Klicken des Abzugsbügels, das wirkungslos verhallte. Die Waffe hatte zu lange unbenutzt in der Kiste unter dem Bett des Farmers gelegen. Sie war nie geputzt worden und inzwischen war ihr Inneres verstopft. Dennoch ließ Carls Wut nicht nach. Er drückte weiter ab, während die Waffe nutzlos klickte, bis er von einigen Lehrern überwältigt wurde, die hereingekommen waren, um nach dem Rechten zu sehen.

Niemand wollte die Polizei einschalten, am wenigsten der Lutheraner, der dann erklären müsste, wie er einen gottesfürchtigen Jungen vom Lande, der Priester werden wollte, zum Mörder gemacht hatte. Der Direktor nahm Carl zur Seite und führte mit ihm ein ruhiges Gespräch über seine Zukunft und darüber, dass er für die Einsamkeit und die Mühen des Priesteramtes nicht geeignet war. Es gab kein Urteil, nur den dezenten Hinweis, dass der Junge eine andere Laufbahn anstreben sollte. Letztendlich war Carls einzige Strafe für den Mordversuch der Verlust seiner wertvollen Pistole, und die hatte sich ohnehin als nutzlos erwiesen.

Mathilda bemerkte nicht, dass ihr Sohn nicht mehr jeden Tag zum Seminar ging, da er stattdessen seine alte Gewohnheit wieder aufnahm und durch die Stadt streifte und nach Ärger suchte. Was sie jedoch bemerkte, war das Ausbleiben des Stipendiums. Also stellte sie Carl zur Rede und die Wahrheit kam ans Licht. Sie verkündete lautstark ihre Enttäuschung über ihn, aber das war ja nichts Neues, und erklärte, dass er am nächsten Tag zur Arbeit auf den Hof zurückkehren würde, wenn er weiterhin unter ihrem Dach schlafen wolle. Dieser Preis schien Carl jedoch viel zu hoch zu sein. Er packte seine spärlichen Habseligkeiten zusammen und ging noch am selben Abend fort.

Damals war das Reisen durch die Staaten, ja sogar durch die ganze Welt, etwas ganz anderes als das, was den Weltenbummlern späterer Generationen zur Verfügung stehen sollte. Die Straßen waren größtenteils unbefestigt, die Anzahl der Autos – die eher Kuriositäten als praktische Verkehrsmittel waren – konnte man an einer Hand abzählen. Per Anhalter zu fahren kam also nicht infrage. Pferde galten immer noch als das beste Transportmittel für den Nahverkehr und für längere Strecken musste man in einen Zug steigen. Das amerikanische Eisenbahnnetz war gut ausgebaut, teuer und ein wichtiger Faktor für die arbeitende Bevölkerung. Daher wurden sie von den ‚Bullen' der Eisenbahngesellschaften streng bewacht, private Sicherheitsdienste, deren Hauptaufgabe darin bestand, dafür zu sorgen, dass sich niemand an der Ladung zu schaffen machte oder sich in den Zügen versteckte.

Trotz ihrer Aufmerksamkeit und ihrer heftigen Reaktionen konnten die Bullen nicht jeden blinden Passagier erwischen, der in den Güterwagen mitfuhr, und damals gab es ganze Subkulturen dieser ‚Durchreisenden', die die Züge als Hauptverkehrsmittel nutzten. Einige waren Wanderarbeiter, die auf der Suche nach Arbeit durchs Land reisen mussten. Einige waren ganz normale Obdachlose, die Arbeit annahmen, wenn ihnen welche angeboten wurde, die aber kein wirkliches Interesse daran hatten, Teil der normalen

Gesellschaft zu sein. Auch psychisch Kranke waren stark vertreten, die von einer Gesellschaft aus ihren Häusern verjagt wurden, die von psychischen Störungen jenseits der ‚Kriminalität' wenig bis gar nichts verstand. Und hier fanden sich auch Kriminelle wieder – solche, die dieses Leben freiwillig wählten, und solche, die dazu getrieben wurden, weil ihre Neigungen nicht mit einer zivilisierten Gesellschaft vereinbar waren. Für einen jungen Mann, der zum ersten Mal in die Welt hinauszog, war die Unterscheidung zwischen diesen Gruppen leider nicht ganz klar. Carl hatte die Zeichen, die die eine von der anderen unterschied, nicht gelernt, und wurde bald Opfer seiner Unwissenheit.

Seine ersten Begegnungen mit dieser Wandergemeinschaft waren überwiegend positiv. Wenn man ihn nicht gerade einlud, sich an der Flasche zu bedienen, die herumgereicht wurde, um sich warm zu halten, blieb er für sich, was ihn bei den isolierten Landstreichern beliebt machte, die es gar nicht schätzten, wenn jemand in ihr Leben eindrang. Außerdem hegten sie eine gewisse Sympathie für Carl, weil er so jung und unschuldig und zu diesem Wanderleben getrieben worden war. Es war die Art von Freundlichkeit und Kameradschaft, die er bisher nur in den Bars zu Hause erlebt hatte, und das brachte ihn bald dazu, jeden anderen Obdachlosen, dem er begegnete, als Freund anzusehen.

Als er sich in einen Güterwaggon schlich, der an einen Zug nach Nebraska angehängt war, und dort auf eine Gruppe von vier Obdachlosen mittleren Alters traf, dachte er nicht weiter darüber nach. Die Männer schienen zunächst über seine Anwesenheit erschrocken zu sein, aber als der Zug ins Rollen kam und sie sich alle auf den Strohballen niedergelassen hatten, kam die Unterhaltung wieder in Gang. Ihrer Aussage nach waren die vier Freunde, die seit vielen Jahren gemeinsam auf der Schiene unterwegs waren und all die kleinen Vergnügungen teilten, die für Männer ihres Standes gleichermaßen verfügbar waren. Doch sie waren mehr als bereit, auch ein wenig mit dem 14-jährigen Carl zu teilen. Zunächst wurde eine Flasche Whiskey herumgereicht, die Carl gerne mit den anderen trank, doch dann nahm der Abend eine unheimliche Wendung.

„Hör zu, Kleiner, es gibt etwas, das wir alle gerne zusammen machen. Etwas, das sich wirklich gut anfühlt, und wir glauben, dass du genauso viel Spaß daran haben wirst wie wir."

Sie lösten die Seile, die sie als Gürtel verwendeten, befreiten sich aus ihrer zerlumpten und schmutzigen Kleidung und entblößten ihre Körper, die kaum sauberer waren. Carl hatte seine gründliche Ausbildung zu den Übeln der Homosexualität vor mehr als einem Jahr erhalten, aber die Erinnerung daran kam plötzlich wieder hoch, als er den lüsternen Blick auf ihren Gesichtern sah. „Da bin ich mir nicht so sicher, Leute. Warum macht ihr das nicht einfach selbst? Ich werde euch einfach nicht beachten. Ich glaube, ich hatte genug Spaß für einen Abend."

„Nun, Junge, so funktioniert das nicht. Siehst du, du bist so etwas wie die Attraktion in diesem Zirkus. Du bist derjenige, den wir alle sehen wollen." Sie krochen näher, blass und monströs im Mondlicht, das durch die aufgebrochene Waggontür hereinströmte.

Selbst wenn Carl in der Lage gewesen wäre, einen Rückzieher zu machen, hatte ihn ein kurzes Leben voller Konflikte mit Männern wie diesen gelehrt, dass man niemals Schwäche zeigen sollte. „Ich sagte doch, nein. Ich will das nicht. Verstanden?"

„Oh ja, Junge, das haben wir. Aber du bist derjenige, der noch nicht verstanden hat."

Sie stürzten sich auf Carl, rissen ihm die Kleider vom Leib, bis er so nackt war wie am Tag seiner Geburt, und warfen ihn dann über die Heuballen. Es waren drei von ihnen nötig, um den Jungen niederzuhalten, als sich der erste Mann hinter Carl stellte und selbst als er Mann in ihm war, ihn zerriss und Carl qualvolle Atemzüge entlockte, hörte er nicht auf zu kämpfen. Während dieser gesamten ersten Vergewaltigung, dann der zweiten, dritten und vierten versuchte Carl, sich freizukämpfen, biss in ihre Hände, wenn sie nahe genug herankamen, und schlug nach dem Mann, der hinter ihm stand. Doch es war alles umsonst. Sie wechselten sich die ganze Nacht über ab, bis sein Blut und ihre Flüssigkeiten ungehindert an seinen Oberschenkeln herunterliefen und er zu erschöpft war, um noch einen Muskel zu bewegen. Dann warfen sie ihn kurz vor der nächsten Haltestelle aus dem fahrenden Zug. Sie hatten gesehen, wie viel Kampf in dem Jungen steckte, und hatten nicht die Absicht, mit ihm in ihrer Nähe zu schlafen. Doch obwohl sie Päderasten und Vergewaltiger waren, hielten sie sich an den Kodex, der für alle Durchreisende galt: Sie warfen Carls spärliche Habseligkeiten und zerrissene Kleidung mit ihm zusammen aus dem Waggon. Diebstahl war eben nicht ihr Stil.

Erst am nächsten Morgen kam Carl wieder zu Bewusstsein. Er lag auf einem Feld neben den Gleisen. Seine wenigen Habseligkeiten waren aus seinem Rucksack herausgefallen und hatten sich um ihn herum verteilt, als hätte es eine Explosion gegeben. Jedes Mal, wenn er versuchte, sich zu bewegen, schoss ein neuer scharfer Schmerz durch seinen Körper. Als er sich wimmernd an den Hintern fasste, ertastete er Blut und Schlimmeres. Er lag da und hielt sich fest, bis er wieder ruhig atmen konnte, dann zog er sich an, kratzte seine Habseligkeiten zusammen und machte sich auf den langen, langsamen und beschwerlichen Weg in die nächste Stadt.

Alles, was Carl bisher über Grausamkeit gelernt hatte, hatte er von anderen Männern gelernt – und in diesem Güterwaggon, umgeben von dem Moschus und der Hitze dieser abscheulichen Männer, hatte er eine ganz neue Lektion gelernt. Es gab mehr als nur die Genugtuung der Rache oder die Freude an der Überlegenheit, die man anderen entgegenbringen konnte. Ihr Fleisch könnte auch eine Quelle der Freude sein. Von diesem Moment an war er ein überzeugter Verfechter der Homosexualität und entwickelte ein wachsendes Interesse daran, sie selbst zu praktizieren – und zwar aus der Position der ultimativen Herrschaft heraus. Noch nie war er so gedemütigt worden, als sich diese Landstreicher abwechselnd an ihm vergangen hatten, noch nie hatte er sich schwächer oder wertloser gefühlt – nicht einmal, als der Aufseher in der Besserungsanstalt ihn ausgiebig ‚untersucht' hatte. Der Gedanke, dass er seinen Opfern das gleiche Leid und den gleichen Schrecken zufügen würde, den er selbst gerade erlebte, machte die Vorstellung noch viel süßer. So wie er den Schmerz seiner Schläge in der Erziehungsanstalt an die jüngeren, schwächeren Jungen weitergegeben hatte, so würde er auch die Schrecken dieser Gruppenvergewaltigung an jeden weitergeben, den er in die Finger bekam.

Von da an war Carl sehr viel vorsichtiger. Er taxierte jede Gruppe sehr genau, bevor er sich ihr näherte, und wurde zunehmend misstrauisch gegenüber jeder Art von Freundlichkeit. Er betrachtete sein eigenes nihilistisches Weltbild von den Starken und den Schwachen als allumfassend und ging davon aus, dass jeder, der mehr Erfahrung hatte als er, derselben Meinung und bereit war, seine Dominanz zu beweisen, wenn er nur die Gelegenheit dazu bekam. Diese Annahme schenkte ihm zwar Sicherheit, schnitt ihn aber gleichzeitig auch von jeder Möglichkeit eines normalen menschlichen Kontakts ab. Er lebte sein Leben, als wäre er von Raubtieren umgeben, die nur auf eine Gelegenheit warteten, um sich auf ihn zu stürzen. Und sein Ziel war es, stets der Erste zu sein, der angriff. Er würde sich nie wieder von echter oder gespielter Freundlichkeit täuschen lassen.

Doch selbst mit dieser neuen Lektion, die sich tief in sein Gedächtnis eingebrannt hatte, waren seine inneren Verletzungen kaum verheilt, als er erneut Opfer eines brutalen sexuellen Übergriffs wurde. Egal wie klug oder vorsichtig er war, Carl war immer noch ein 14-jähriger Junge, der versuchte, sich in einer Welt voller umherziehender Krimineller zurechtzufinden, die es auf Kinder wie ihn abgesehen hatten.

Die Wandergemeinschaft traf sich nur selten an einem Ort, da es den Umherziehenden stets besser erging, wenn sie einzeln auftraten und keine Aufmerksamkeit erregten. Dennoch wurden die Zeltstädte, die damals in jenen ländlichen Gebieten aufkamen, in denen es angeblich Arbeit gab, zu ihren inoffiziellen Treffpunkten. Ein Ort, an dem sie den neuesten Klatsch und Tratsch austauschten, sich von lukrativen Orten erzählten, an denen die Leute nur darauf warteten, ausgeraubt zu werden, oder einfach nur die seltene und kostbare Zeit in Gesellschaft von Menschen verbringen konnten, die sie nicht als das Äquivalent von Kakerlaken ansahen. Carl hatte diese Treffen während seiner Zeit auf der Schiene meist gemieden, aber die Nüchternheit forderte langsam ihren Tribut von ihm, und er wusste, dass an einem der weit von den Lichtern der Stadt verstreuten Lagerfeuer billiger Whiskey herumgereicht und keine peinlichen Fragen über sein Alter gestellt werden würden.

Also suchte er sich eine kleine gemischte Gruppe aus und gesellte sich vorsichtig zu ihnen, wobei er darauf achtete, so viel wie möglich für sich zu behalten und nur so viel zu trinken, wie nötig war, damit er sich besser fühlte. Während sich die Menge im Laufe des Abends lichtete, kam Carl in ein tieferes Gespräch mit einem jungen Mann, der an allem, was er zu sagen hatte, seltsam interessiert schien. Zwischen ihnen stand eine Flasche Rotwein und vom Feuer ging eine angenehme Wärme aus, als unterschwellig das Thema Homosexualität angesprochen wurde. Der Mann erkundigte sich nach Carls Erfahrungen, nicht als Drohung oder um in eine Tirade über die Sünde einzusteigen, sondern als Flirt, als Vorspiel zu dem, was für Carl einer sexuellen Beziehung am nächsten kommen würde.

Da Carls Interesse geweckt war, führte ihn sein neuer Freund zu einer kaputten Scheune, die einige der Zeltstadtbewohner zerlegt hatten, um Brennholz zu gewinnen – weit genug vom Hauptlager entfernt, um nicht aufzufallen, falls sie Geräusche machten. Sie tranken noch mehr Whiskey, da Carls neuer Freund darauf bestand, dass es einfacher wäre und sie sich besser fühlten, wenn sie sich beide schön locker machten. Sie vereinbarten, sich abzuwechseln, damit jeder von ihnen beide Seiten erleben konnte, doch als Carl gerade gehen wollte, rief sein neuer Freund eine Gruppe seiner älteren Freunde herbei, und sie umringten den nun völlig betrunkenen Jungen. Carls einziger Trost war, dass er so betrunken war, dass er ohnmächtig wurde, während sie ihn weiterreichten. Später wachte er unter einer Plane zwischen seinen Habseligkeiten auf. Dieses Mal war das Hämmern in seinem Kopf schwerer zu ertragen als der Schmerz im Hintern. Alles, was diese zweite Lektion in Carl auslöste, war die feste Überzeugung, dass das Vergewaltigen eines Jungen eines der großen Vergnügen im Leben sein musste, wenn so viele Männer verzweifelt darauf aus waren.

Die Spur der Asche

Die lange Reise in den Osten ließ sich leicht umkehren – es fuhren viel mehr Züge mit Vorräten in den Westen als in die andere Richtung, wenn es keine Ernten zu verteilen gab. Auch wenn er nicht bewusst die Absicht hegte, mit eingekniffenem Schwanz nach Hause zurückzukehren, so war dies doch die Richtung, in die der Junge ging. Carls Unwille, sich anderen Durchreisenden anzuschließen, hatte sich nach seiner zweiten Vergewaltigung zu einer Aversion ausgeweitet, aber ohne dieses unterstützende Netz von Menschen in derselben Lage musste er immer häufiger stehlen, um Nahrung in den Bauch und Whiskey ins Blut zu bekommen. Er ging nur dann freiwillig auf einen anderen Landstreicher zu, wenn er sich sicher war, dass er allein war, und selbst dann tat er es nicht, um Kontakt aufzunehmen. So wie Carl vergewaltigt worden war, so begann nun auch er, andere zu vergewaltigen. Wieder einmal gelang es ihm bei einem seiner zahlreichen Raubüberfälle, eine Waffe in die Hände zu bekommen, und mit dieser Waffe ging ein gewisses Selbstvertrauen einher. Wenn sich ihm die Gelegenheit bot, näherte er sich gemeinsam reisenden Männerpärchen und zwang sie mit vorgehaltener Waffe zum Sex, um sich zu amüsieren. Einmal wurde er von einem Bremser in einem Zug dabei erwischt, wie er gerade einen anderen Mann in einem Waggon vergewaltigte, woraufhin er sich umdrehte und den Landstreicher zwang, stattdessen den Eisenbahner zu vergewaltigen, bevor er sich an beiden verging. Mit einer Pistole in der Hand und einem spöttischen Lächeln auf den Lippen kopulierte sich Carl zurück in ein Gefühl der Macht.

Gleichzeitig setzte er seine Raubzüge fort und kaum war er zurück in Minnesota, nahm ihn die Polizei wegen Diebstahl fest. Da man das Alter des Jungen aufgrund seines abgemagerten Zustands nicht genau einschätzen konnte und Mitgefühl angesichts der Notlage des armen Jungen empfand, der obdachlos und wahrscheinlich ein verlorenes Waisenkind war, beschloss man, dass Carl in der Red Wing Training School wieder auf den rechten Pfad gebracht werden sollte.

Verglichen mit der staatlichen Erziehungsanstalt, in die man ihn zuvor gesteckt hatte, war Red Wing für Carl ein Paradies. Dort mussten sie zwar den ganzen Tag über schwere körperliche Arbeit auf der Schulfarm verrichten, doch das war nichts gegen die Strapazen, die Carl bereits erlebt hatte. Er war immun gegen die Erschöpfung, die alle anderen Jungen übermannte und schwach machte – genauso wie er immun war gegen die kleinen körperlichen Strafen, die die Wachen ihm antaten, wenn er aufsässig war. Es war, als würde er die wenigen halbherzigen Schläge, die sie ihm verpassten, gar nicht spüren.

Red Wing war eher eine Schule als ein Gefängnis und lag in üppigen Wäldern, weit weg vom Trubel der Zivilisation und den damit verbundenen Verlockungen. Außerdem gab es dort ein richtiges Bildungsprogramm, das Carl ohne

Schwierigkeiten durchlaufen konnte – etwas, wozu die anderen Jungen, die von der schweren Arbeit erschöpft waren und nicht mehr klar denken konnten – kaum in der Lage waren.

Der Direktor von Red Wing vertrat die Auffassung, dass Carl ein junger Mann war, der eine schwierige Phase in seinem Leben durchgemacht hatte und nur ein wenig Führung brauchte, um wieder auf den richtigen Weg zu kommen. Die Einschätzung der anderen Jungen fiel dagegen komplett anders aus: Carl war von einem Tyrannen zu einem Raubtier aufgestiegen. Was auch immer er von einem anderen Jungen wollte, nahm er sich. Und er wollte alles!

In Red Wing erwachte Carls Sexualität, aber jeder Akt, den er in der Dunkelheit der Nacht an den Jungen um ihn herum vollzog, war mit der Androhung von Gewalt und Scham verbunden. In seinem Kopf hatte sich der Glaube zementiert, dass Sex ein Produkt dieser Gewalt war und dass Vergnügen nur auf Kosten des Schmerzes eines anderen entstehen konnte. Diejenigen, die er vergewaltigte, sagten kein Wort, weil sie den Spott fürchteten, der ihnen drohte. Doch schon bald wurde der aufsässige Rebell, der der Mittelpunkt eines Aufstands gegen die Wachen hätte werden können, zu einem völligen Außenseiter. Alle wussten, was er getan hatte, alle wussten, was er war, und alle hatten Angst, dass sie die Nächsten sein könnten, wenn er sie bemerkte.

Alle, außer Jimmy. Jimmy war ein schmächtiger 15-Jähriger, der keine körperliche Bedrohung für den ohnehin schon überraschend starken Carl darstellte. Während alle anderen vor ihm zurückschreckten, unterhielt sich Jimmy mit ihm, als wäre nichts dabei, und die beiden wurden bald unzertrennlich. Vermutlich fühlte Jimmy sich zu Carl hingezogen und wünschte sich eine Beziehung, während sie zusammen eingesperrt waren, da er bereits von seinem sexuellen Ruf gehört hatte. Doch Carl besaß keine Vergleichsgrundlage, um zu verstehen, wie eine gesunde Beziehung aussehen könnte. Für ihn ging es beim Sex ausschließlich um Gewalt und Beherrschung, sodass ihm die Vorstellung lächerlich erschien, dies seinem einzigen Freund auf der ganzen Welt anzutun. Trotz Jimmys mangelnder körperlicher Fähigkeiten brachte er eine neue Perspektive in Carls Leben und ermöglichte es dem Duo, sich einen bequemen Platz in der Hierarchie der Besserungsanstalt zu sichern.

Doch selbst diese komfortable Position – wahrscheinlich die beste, die Carl je in seinem Leben erlebt hatte – reichte ihm nicht. In Carl brodelte eine Wut, die durch kein noch so einfaches Leben und keinen noch so leicht verfügbaren Sex zu besänftigen war. Whiskey und Homosexualität mochten seine größten Freuden im Leben sein, aber Rache war seine wahre Leidenschaft, und es gab eine ganze Welt jenseits der Zäune, die die Grenzen seines Gefängnisses markierten, an der er sich rächen wollte.

Gemeinsam mit Jimmy, der zwar nicht über Carls Intellekt, dafür aber über wesentlich mehr Geduld verfügte, arbeiteten sie einen Fluchtplan aus – der erste von vielen Gefängnisausbrüchen in Carls Leben. Im Schutz der Dunkelheit stahlen sich die beiden aus der Schule und machten sich auf den Weg in die Wildnis, weit weg von den neugierigen Augen der Zivilisation. Als sie schließlich zur Menschheit zurückkehrten, hatten sie nichts als einen Rachefeldzug im Sinn. Ein Feldzug, der sich für beide als sehr profitabel erweisen sollte.

Die Gemeinde, in der Carl aufgewachsen war, war nicht viel gläubiger als andere zu dieser Zeit, aber trotzdem hatte er mit eigenen Augen gesehen, wie viel Geld jeden Sonntag in den Opferstock geworfen wurde, wobei die ärmsten Farmer in der Regel deutlich mehr einwarfen als die reichsten. Nirgendwo in den ländlichen Gemeinden gab es eine größere Konzentration von Reichtum als in den Kirchen und Carls Wut richtete sich nur zu gern auf das Christentum und all die vielen Vergewaltiger, Kriecher und Lügner, die sich unter den Geistlichen Amerikas tummelten. In der Dunkelheit der Nacht brachen die beiden Jungen in die leeren Kirchen ein, um alles Wertvolle zu stehlen, bevor Carl das Gebäude anzündete. Die beiden hinterließen eine Brandspur, während sie von Stadt zu Stadt zogen. Eine Kirche nach der anderen wurde bis auf die Grundmauern niedergebrannt und in ihren Rucksäcken sammelte sich ein kleines Vermögen an. Genug Reichtum, um ihnen ein einigermaßen geregeltes Leben zu ermöglichen, wenn sie es wollten. Nicht, dass sie das wollten. Carl und Jimmy waren eine Fügung des Schicksals, und da sie ständig in Bewegung waren, waren sie für die Polizei kaum zu fassen. In jener Zeit kommunizierten die neu geschaffenen Strafverfolgungsbehörden kaum miteinander, und weil sie sich einfach von Stadt zu Stadt treiben ließen, konnten die beiden trotz der theatralischen Qualität ihrer Verbrechen fast vier Monate unentdeckt bleiben.

Leider währte Jimmys Glück nicht ewig. Er wurde erwischt, als er versuchte, ein Paar Kerzenständer aus einer der niedergebrannten Kirchen zu verkaufen, und wurde wegen Diebstahl verhaftet, während Carl in ihrem Lager auf die Rückkehr seines Freundes wartete. Er erfuhr erst Tage später, was geschehen war, nachdem er sich endlich in die Stadt gewagt hatte. Zu diesem Zeitpunkt hatte man Jimmy bereits in ein Erwachsenengefängnis gebracht, wo er die restliche Strafe, vor der er sich in Red Wing gedrückt hatte, sowie die neue Strafe verbüßen sollte, die ihm für seine Diebstahlserie auferlegt worden war. Er würde so schnell kein Tageslicht mehr sehen.

Carl war nach dem Verlust seines Freundes verzweifelt und ziellos, aber was ihm an Gesellschaft fehlte, machte er mit Geld mehr als wett. Er fuhr wieder mit dem Zug umher, wobei er zum Teil vor dem Gesetz, zum Teil vor seinen Erinnerungen floh. Was ihn betraf, so war in Minnesota noch nie etwas Gutes passiert, und wenn es sich vermeiden ließ, würde er nie wieder in diesem Staat leben. Mehrere Monate lang durchstreifte er die Staaten, ohne Spuren zu hinterlassen, und ging anderen Wanderreisenden bewusst aus dem Weg. Mit ihnen wollte er keinen einzigen Penny teilen. Während er sich früher in Kleinstädten und ländlichen Gemeinden aufgehalten hatte, um nicht aufzufallen, hatte er inzwischen einige der potenziellen Vorteile großer Gemeinschaften ahnungsloser Fremder kennengelernt. Er vertrieb sich die Zeit in den Bars von einem Dutzend Städte in fast ebenso vielen Bundesstaaten und reiste weiter, noch bevor jemand seinen Namen erfahren konnte. Er überquerte die Grenze nach Kansas ungefähr zu der Zeit, als er sein fünfzehntes Lebensjahr vollendete.

Dort versiegte sein Geld und Carl wusste tief im Innern, dass er ein neues Lebensziel finden musste. Er wusste, dass ihm Gewalt Spaß machte, und ahnte, dass das Töten der nächste große Nervenkitzel für ihn sein würde, aber er war auch noch ein Kind, das romantischen Vorstellungen von sich selbst nachhing und sich an die Hoffnung klammerte, dass er einmal so legendär werden könnte wie die Cowboys, von denen er so viel gehört hatte.

Im Westen tobten noch immer die Indianerkriege und die amerikanischen Ureinwohner wurden in allen Medien als bösartige Wilde dargestellt, die dringend harte Männer brauchten, um sie in die Nichtbeachtung zu treiben, die sie verdienten. Carl konnte kein Cowboy und Revolverheld sein, wie er es sich immer erträumt hatte, aber er könnte den Kampf gegen die amerikanischen Ureinwohner aufnehmen und sich bei der Army melden. Wo er auch hinkam, gab es Rekrutierungsstände, und der Gedanke hatte ihn bereits seit einiger Zeit beschäftigt. Er würde falsche Altersangaben machen müssen, um aufgenommen zu werden, was aber im Vergleich zu seinen anderen Taten kaum sein Gewissen belasten würde.

Also meldete er sich, noch betrunken vom Vorabend, bei den Anwerbern, die mehr als bereit waren, seinen Namen auf die Liste zu setzen. Als er wieder nüchtern war, fand Carl sich im Ausbildungslager wieder und sollte seine Entscheidung bald bereuen. Dieselbe Widerstandsfähigkeit, die ihn durch seine Zeit im Gefängnis gebracht hatte, kam wieder zum Vorschein und beeindruckte seine Vorgesetzten. Er zeichnete sich durch seine Vorliebe für das Waffentraining ebenso aus wie für körperliche Aktivitäten, aber er schien nahezu unfähig zu sein, einen Befehl anzunehmen, ohne eingeschüchtert werden zu müssen. Seine rebellische Ader war auch nach all den Jahren ungebrochen und überschattete bald jede gute Arbeit, die er in der Ausbildung leistete. Die Meinung der Offiziere war geteilt: Für die einen besaß Carl das Zeug zur Führungskraft und war in der Lage, schwächere Männer in die Schlacht zu führen, für die anderen war er ein junger Schläger, der keinen

Respekt vor der Befehlskette hatte. Keiner dieser Standpunkte entsprach ganz der Wahrheit über Carl, was aber letztlich egal war.

Da die Löhne an die neuen Rekruten langsamer ausgezahlt wurden, als es Carl lieb war, verbrachte er die Abende unangenehm nüchtern, und während er normalerweise seiner zweiten Lieblingsbeschäftigung frönte, beäugte die Army argwöhnisch jede Art von Techtelmechtel in den Kasernen. Schlimmer noch, die meisten Männer, mit denen Carl trainierte, waren wesentlich älter und stärker als er und hatten die Entscheidung, der Armee beizutreten, mit etwas mehr Voraussicht und Planung hinsichtlich ihrer Zukunft getroffen. Er war sich nicht sicher, ob er einen von ihnen zu der Art von Sex zwingen könnte, die ihm gefiel, und so wuchs seine Frustration. Ein oder zwei Mal schlich er sich aus dem Lager, um seine letzten Ersparnisse für Schnaps auszugeben. Nach wenigen Tagen war er pleite und die kalte Morgendämmerung brachte den Kater mit sich, ohne dass er auf einen Konterschnaps hoffen konnte, um ihn zu lindern. Er musste dringend etwas tun.

Als er das nächste Mal das Lager verließ, tat er es, um etwas zu erledigen, anstatt sich seinen Vergnügungen hinzugeben. Er machte den örtlichen Hehler ausfindig und fragte ihn nach den seiner Meinung nach wertvollsten Gegenständen in der Militärbasis. Mit einigen Zielvorgaben im Kopf kehrte Carl am nächsten Tag zur Ausbildung zurück, wobei er bereits an einem Plan feilte.

Weniger als eine Woche nach Beginn seiner Ausbildung wurde Carl dabei erwischt, wie er sich von der Basis schleichen wollte. Trotz seiner Erfolge beim Ausrauben unbewohnter Kirchen war er kein guter Dieb, da er sich immer wieder auf sein Glück verließ, anstatt irgendwelche nützlichen Fähigkeiten in diesem Bereich zu entwickeln. An sich hätte das Wegschleichen nur eine relativ geringe Strafe, Lohnkürzungen und unangenehme Arbeiten zur Folge gehabt. Die Tatsache, dass er einen Sack voller Armeeuniformen bei sich hatte, die er zu illegalen Zwecken verkaufen wollte, erschwerte die Sache jedoch. Diebstahl war eine kriminelle Angelegenheit und der Army Material im Wert von 88 Dollar zu stehlen, war gleichbedeutend mit Verrat. Dennoch war es für seine Vorgesetzten offensichtlich, dass Carl einen dummen Fehler begangen hatte, wie er bei sehr jungen Menschen häufig vorkam, und sie wussten nicht, wie sie ihn dafür bestrafen sollten. Zum Glück verfügte die Army über eine sehr einfache Lösung für Probleme, die man nicht lösen kann: eine Befehlskette, in der Fragen weitergereicht werden konnten, bis sie jemanden erreichten, der entweder die richtige Antwort wusste oder so viel Einfluss besaß, dass eine falsche Antwort seiner Karriere nicht schadete. In diesem Fall wurde die Frage bis ganz nach oben weitergereicht und bald lag die Verantwortung bei William Howard Taft, dem damaligen Kriegsminister von Präsident Theodore Roosevelt. Taft warf einen Blick auf den Fall und traf eine blitzschnelle Entscheidung: Dieser Panzram-Junge sollte allen Männern als warnendes Beispiel gelten, die glaubten, sie könnten das Militär der Vereinigten Staaten bestehlen. Trotz seiner Jugend und der relativ geringen Schwere seines Vergehens wurde Carl unehrenhaft aus der Armee entlassen und musste die Höchststrafe für seine Verbrechen in Fort Leavenworth verbüßen, das als das härteste Gefängnis in ganz Amerika galt. Nachdem er monatelang im Gefängnis auf eine Verurteilung gewartet hatte – Monate, in denen ihm immer wieder versichert wurde, dass sich alles in Wohlgefallen auflösen würde, sobald sich jemand mit genügend Mumm dazu entschließen würde, die Angelegenheit fallen zu lassen – war Carl über Tafts Entscheidung mehr als verärgert. Er verfluchte den Mann und schwor Rache, auch wenn die Vorstellung, dass ein einfacher Junge eine Bedrohung für einen der großen Männer der Nation sein könnte, für sein Umfeld lächerlich war. Die Verhandlung vor dem Kriegsgericht war kurz und bündig. Dabei handelte es sich weniger um einen Prozess als um das Durchwinken einer zweijährigen Haftstrafe. Dann wurde Carl weggebracht.

Fort Leavenworth hielt, was versprochen worden war, und bot noch einiges mehr. Als Militärgefängnis war jeder Mann, der dort einsaß, zuvor vor ein Kriegsgericht gestellt und unehrenhaft aus einer Armee entlassen worden, obwohl diese zur damaligen Zeit fast jedes schlechte Benehmen seitens ihrer Soldaten tolerierte. Daher wetteten die Wächter oft auf die Lebenserwartung der Neuankömmlinge – und Carl räumte niemand besonders hohe Chancen ein. Er war zwar gut gebaut, aber erst 16 Jahre alt, während die Vergewaltiger, Mörder und Schwerverbrecher, die die Gefängniszellen füllten, erwachsene und an Gewalt gewöhnte Männer waren. Während die Ermordung und Folterung ihrer Kameraden diese Ex-Soldaten nicht interessierte, ließen die erfundenen Geschichten über Carls Diebstahl und seinen Status als „Verräter" viele von ihnen nach seinem Blut dürsten. Carl war von Natur aus Einzelgänger und hatte weder die sozialen Fähigkeiten noch die Neigung, sich einer Gefängnisbande anzuschließen, sodass die ersten Wochen brutal waren. Wie immer überlebte Carl, indem er angesichts der Schmerzen keine Anzeichen von Schwäche oder Angst zeigte.

Genau das Verhalten, das ihm bei seinem letzten Gefängnisaufenthalt zum Helden gemacht hatte, machte ihn in Leavenworth jedoch zu einem Geächteten. Die Häftlinge wurden in Kompanien eingeteilt, und wenn ein Mann einen Befehl nicht befolgte, musste die gesamte Kompanie die ganze Nacht über auf dem Hof strammstehen. Carl nahm diese Strafe stoisch hin und zeigte keine Anzeichen von Schwäche, aber die anderen Männer wollten einfach nicht akzeptieren, dass sie wegen seiner rebellischen Art Schwierigkeiten bekamen. So musste er einige demütigende Vergewaltigungen und Schläge über sich ergehen lassen, aber die Tatsache, dass er sie einfach wegzustecken schien und weitermachte, als wäre nichts geschehen, beunruhigte die Männer, die ihn brechen wollten. Bei keinem ihrer Angriffe gab Carl bereitwillig nach, wie es so viele der Revolverhelden und Opfer taten, die das Gefängnis bevölkerten. Stattdessen wehrte er sich jedes Mal mit allem, was er hatte. Anfangs war das nicht genug, aber wenn es etwas gab, das Carl schnell lernte, dann war es Brutalität. Innerhalb eines Monats gewann er ebenso viele Kämpfe, wie er verlor, und hatte jede Anziehungskraft für die Vergewaltiger verloren.

Widerwillig zollten ihm die Mitgefangenen allmählich Respekt. Und während er bei ihnen nur nie klein beigab, reagierte er auf die Wachen weitaus aggressiver. Er weigerte sich, auch nur einen einzigen ihrer Befehle zu befolgen, und wenn sie ihren Willen mit Gewalt durchsetzen wollten, griff er sie genauso bereitwillig an wie jeden anderen Menschen auch. Die Reaktion des Wachpersonals war vorhersehbar: Sie prügelten ihn fast zu Tode und gingen davon aus, dass die anderen Gefangenen die Arbeit für sie erledigen würden, sobald Carl geschwächt war. Eine gängige Strafe für schlechtes Benehmen war, so lange Männer in Zwangsjacken zu stecken, bis sie das Bewusstsein verloren – ein Zustand, in dem Carl sich fast täglich wiederfand. Wider Erwarten wurde dadurch Carls Sicherheitsposition jedoch gefestigt – er litt in aller Stille und dieser Funke von Rebellion reichte für die anderen Gefangenen, um sich daran zu wärmen. Er war nicht mehr der Verräter, der ihnen ständig Gruppenstrafen aufzwang. Er war der Rebell, der sich gegen jeden auflehnte, der ihn herumkommandieren wollte. Die Häftlinge scharten sich um ihn, schirmten ihn vor den Wachen ab, wenn sie konnten, und feuerten ihn an, wenn ihnen das nicht gelang.

Jeden Tag mussten Carls Mithäftlinge einen Zwangsmarsch von sechs Kilometern zum Steinbruch absolvieren, ihre Neun-Stunden-Schicht absolvieren und wieder zurückmarschieren. Die Wärter dachten, dies sei eine weitere gute Gelegenheit, um Carls Ungehorsam zu zügeln, und legten ihm die Kette einer klassischen Häftlingskugel an, die er überall mit sich führen musste. Sie sollte ihn so erschöpfen, dass er aufgab, aber – wie jede andere Qual – machte ihn das nur stärker.

Am Ende des ersten Jahres im Gefängnis war er so stark wie zwei Häftlinge und mindestens dreimal so stark wie der Durchschnittsamerikaner. Wenn die Wachleute auf ihn einschlugen, zerbrachen eher ihre Schlagstöcke, als dass sie tatsächlich Wirkung zeigten. So wie sein erster Gefängnisaufenthalt seine Entschlossenheit und seinen Willen zu etwas Unzerbrechlichem verhärtet hatte, so hatte Fort Leavenworth seinen Körper in einen ähnlichen Zustand versetzt. Schließlich versuchten selbst die Wachen, ihn auf Abstand zu halten. Carl selbst hielt nach den Vergewaltigern und Päderasten Ausschau, die sich in seiner Anfangszeit in Leavenworth an ihm vergangen hatten, und rächte sich an ihnen auf die einzige Art, die er kannte. Im Gefängnis wurden aus vielen Männern nichts anderes als eingesperrte Tiere, aber für solche wie Carl Panzram war es der erste Vorgeschmack auf die wahre Freiheit. Diese Zeit bot ihm zum ersten Mal die Chance, das Monster zu sein, das er wirklich war, ohne dass die vielen Lügen der Zivilisation die Dinge durcheinanderbrachten.

Als Carl 1910 Fort Leavenworth verließ, hatte ihn diese Erfahrung zu dem Mann geformt, der er für den Rest seines Lebens bleiben sollte. Im Gefängnis war er zu der Überzeugung gekommen, dass seine nihilistische Weltanschauung die Richtige war, nach der alle Menschen nichts als die Summe ihrer Begierden waren. Mit diesem Wissen im Kopf würde er von nun an anderen etwas antun, bevor sie ihm etwas antun konnten. Und sein lebenslanger Feldzug des Terrors begann.

Müßiggang ist aller Laster Anfang

Mit seinen 19 Jahren war Carl ein auffälliger junger Mann mit stechenden Augen und einem Körperbau, der von jahrelanger harter Arbeit zeugte: einen Meter vierundachtzig groß und neunzig Kilo reine Muskelmasse. Er reiste wieder mit dem Zug von Stadt zu Stadt, und die Angst, erwischt zu werden, war bald verflogen. Keiner der Bullen wollte etwas mit ihm zu tun haben – im Gegensatz zu den wenigen kleinen Gruppen von Landstreichern, denen er begegnete. Er verfeinerte seine gewalttätigen Fähigkeiten an ihnen, setzte seine Kontrolle durch Vergewaltigung durch und fühlte sich gerächt an den obdachlosen Männern, die ihn vor all den Jahren missbraucht hatten.

In Denver, Colorado, legte er seinen ersten nennenswerten Stopp ein. Carl leugnete seine Homosexualität zeitlebens und erfand eine Fülle von Ausreden, warum er nur selten mit Frauen schlief – meistens behauptete er, sie wären irgendwie unrein. Auf seiner Fahrt nach Colorado hatte er ein weibliches Flittchen vergewaltigt und als er in Denver ankam, tropfte aus seinem schmerzenden Penis Eiter und Blut, was er später als einen „erstklassigen Fall von Gonorrhöe" bezeichnete. Nun blieb ihm nichts anderes übrig, als seine Reise zu unterbrechen, sich in ärztliche Behandlung zu begeben und darauf zu warten, dass die Kubeben-Lakritz-Mischung, die er jeden Tag schlucken musste, ihre Wirkung tat.

Als die Medizin seine Infektion ausgetrocknet hatte, saß er gerade wegen Fahrraddiebstahl im Stadtgefängnis. Dort erregte ein 50-jähriger Tresorknacker seine Aufmerksamkeit, der wegen Beteiligung an einem Banküberfall eine lange Haftstrafe verbüßte. Carl sah in ihm eine Möglichkeit, die eigenen kriminellen Einkünfte zu steigern, freundete sich mit dem Mann an und versuchte, seine Methoden zu erlernen. Der Ältere profitierte sofort von der äußerst körperlichen Präsenz des jungen Monsters und sämtliche Gefährdungen seiner Sicherheit in der Haftanstalt schwanden bei Carls Anblick schnell dahin. Im Gegenzug für diese und viele andere kleine Gefälligkeiten gab er ihm das Wissen weiter, das er sich im Laufe seines Lebens angeeignet hatte. Zum Leidwesen der beiden führte Carls ruhiges und fleißiges Verhalten dazu, dass seine Haftzeit ohne jegliche Verlängerung endete. So wurde er auf die Straße gesetzt, als sie gerade dabei waren, die wirklich guten Tricks zu besprechen. Noch in derselben Nacht brach Carl ins Gefängnis ein, um seinen Lehrer zu befreien, wurde aber bald von mehreren Wärtern aufgehalten, die ihn in seine alte Zelle zurückdrängten und die Polizei riefen. Ein paar Anrufe später hatte man ihm einen weiteren Monat aufgebrummt – und er hatte alle Zeit, die er brauchte, um seinen Unterricht zu beenden.

Leider sollte es dazu nicht kommen. Als der alte Safeknacker erfuhr, was Carl getan hatte, nahm er an, dass es bei ihrer

Verbindung um mehr als rein berufliches Interesse ging. Er glaubte, dass Carl romantische Gefühle für ihn hegte, und war von diesem Gedanken nicht abgeneigt. Wie üblich fanden die beiden im Laufe des Tages eine leere Zelle vor, aber diesmal sprach der ältere Mann nicht wie sonst von Sprengstoff bei Raubüberfällen, sondern küsste Carl. Als dieser nicht reagierte, wertete der Safeknacker dies als Zustimmung und wollte den Jungen entkleiden. Nach Carls Erfahrung hatte dies noch nie zu einer einvernehmlichen Begegnung geführt, sodass er sofort in den Gewaltmodus wechselte. Er stürzte sich auf den älteren Mann, riss ihm den Overall vom Leib und warf ihn zu Boden. Carl nahm ihn auf brutalste Weise, ohne sich um die Schreie zu kümmern. Die Lektionen, die er gelernt hatte, übernahmen seinen Körper und setzten ihn in Bewegung. Er musste verletzen, bevor er verletzt werden konnte. Er musste dominieren oder würde dominiert werden. Danach verkroch sich der Safeknacker in seine Zelle und Carl war sich sicher, dass er das Richtige getan hatte. Doch der Unterricht wurde nie wieder aufgenommen. Stattdessen ging ihm der Tresorknacker für den Rest seines Aufenthalts aus dem Weg. Carl verließ das Gefängnis einen Monat später ohne bessere Aussichten, als er es betreten hatte.

Eine Zeit lang ging er wieder auf Wanderschaft, raubte Kirchen aus und brannte so viele von ihnen nieder, wie er konnte. Dieses Mal kam er schneller voran, da er überall Fahrräder klaute und mit ihnen über die unbefestigten Verbindungsstraßen zwischen den kleinen Städten fuhr und die Weltfremdheit der Einheimischen ausnutzte. Je schneller er sich bewegte, desto seltener wurde er erwischt und desto weiter kam er.

Schließlich fand er sich auf der Kansas State Fair wieder, wo er zum ersten Mal in seinem Leben einen Job bei Colonel Dickie's Wild West Show antreten wollte. Der Colonel persönlich, inzwischen ein ziemlich alter Mann, stellte ihn ein, nachdem er gesehen hatte, wie gut er sich bei einer Schlägerei auf der Tribüne geschlagen hatte. Sie brauchten solche starken Männer, um sowohl den Tieren als auch den rüpelhaften Kunden Herr zu werden. Die Aussicht, für Geld zu kämpfen und gleichzeitig kostenlos durch das Land zu reisen, klang verlockend, und so nahm Carl das Angebot an, nur um ein paar Städte weiter hinausgeworfen zu werden. Das Problem war nämlich, dass er zu gut in seinem Job war. Die Schausteller waren harte Kerle, die keine Beleidigung auf sich sitzen ließen, und Carl geriet mit so ziemlich jedem Mann im Zirkus mindestens einmal aneinander. Der Tropfen, der das Fass für den Colonel zum Überlaufen brachte, war der Moment, als eines der Turnierpferde Carl anstieß, als er sie nach einer Show bewegen sollte, und er es daraufhin bewusstlos schlug. Ein paar Raufereien unter den Männern konnte er tolerieren. Er könnte es sich sogar leisten, ein paar von ihnen zu verlieren, wenn es sein musste. Aber die Tiere waren die Lebensgrundlage der Show und er würde keine Gewalt gegen sie dulden.

Diese Beleidigung sollte nicht unbeantwortet bleiben. Carl fuhr heimlich hinten mit, als der Zirkus die Stadt verließ, und als sie ihr nächstes Lager aufschlugen, wartete er bis tief in die Nacht, bevor er sich näherte. Vom echten Wilden Westen waren sie hier weit entfernt und daher gab es keine Wachen, die das Lager nach Sonnenuntergang bewachten. Carl konnte einfach hineingehen, ein Fass mit Laternenöl stehlen und sowohl das Zelt des Kochs als auch das der Pferde damit tränken, bevor er beide in Brand setzte. Der Zirkus erwachte durch das schreckliche Geräusch sterbender Tiere, während Carl sich weit draußen in der Dunkelheit einen Platz auf einer Anhöhe suchte und jede Minute der Show genoss und zum ersten Mal echte Begeisterung bei einem ihrer Auftritte empfand. In Flammen stehende Pferde brachen aus dem brennenden Zelt aus, als dieses sich allmählich auflöste, und stürmten durch das ganze Lager, wobei sie wiehernd und wild um sich schlugen. Sie setzten ein halbes Dutzend anderer Zelte in Brand, bevor es den Leuten gelang, eine Eimerkette aufzubauen, doch da war der Schaden längst angerichtet. Kein einziges der Tiere überlebte die Nacht und der Zirkus starb mit ihnen. Alles war in den Flammen von Carls Rache aufgegangen. Mit einem Lächeln im Gesicht und federnden Schrittes kehrte Carl zu den Gleisen zurück und nahm den nächsten Zug nach St. Louis.

Obwohl er im Grunde seines Herzens immer noch ein Freigeist war, hatte Carl den kleinen Vorgeschmack auf die Erwerbstätigkeit genossen – vor allem auf die Autorität, die sie ihm über seine Mitmenschen verlieh. Er hatte erkannt, dass der Anschein, sich an die Regeln zu halten, andere dazu veranlasste, dasselbe zu tun, und dass es ihm den ultimativen Vorteil verschaffte, wenn sie erwarteten, dass die Dinge auf unbestimmte Zeit in der gleichen Weise ablaufen würden. Eben diese Erkenntnis hatte ihn nach St. Louis gebracht.
Streikende Arbeiter hatten die Illinois Central Railroad Company lahmgelegt und forderten im Gegenzug für ihre oft gefährliche Arbeit eine gerechtere Behandlung. Die gesamte Belegschaft hatte die Arbeit niedergelegt, und obwohl nicht alle Tätigkeiten ein hohes Maß an Fachkenntnissen

erforderten, war die schiere Anzahl der beteiligten Personen fast überwältigend. Wo Carl auch hinkam, gab es Streikposten – allesamt selbstgerechte Männer, die Schulter an Schulter standen, verbunden durch Kameradschaft und die Gewissheit, dass das Recht am Ende über die Macht siegen würde. Sie waren in Carls Augen eine persönliche Beleidigung, da sie in direktem Gegensatz zu seiner Weltauffassung standen. Trotzdem wäre er wahrscheinlich einfach an ihnen vorbeigegangen, wenn nicht einer der ICR-Anwerber ihn dabei beobachtet hätte, wie er die Straße hinunter stapfte und die Streikenden musterte. Er sprach ihn noch am selben Abend in einer Bar an und bot ihm einen Job als Streikbrecher an.

Damals wurden zwei Arten von Streikbrechern eingesetzt: Die offizielleren unter ihnen, die sogenannten ‚Scrabs‘, waren bereit, die Arbeit der Streikenden zu übernehmen, und zwar für denselben Hungerlohn, wegen dem die Streikenden überhaupt erst auf die Straße gegangen waren. Die Streikposten sollten wiederum die Streikbrecher davon abhalten, zur Arbeit zu kommen, indem sie ihnen den Zutritt verwehrten und sie beschuldigten, ihre Kollegen zu verraten. Da es nur wenige Streikbrecher gab, funktionierte ihre Taktik in St. Louis ganz gut, weshalb die andere Art von Streikbrechern ins Spiel kam, die ‚Blacklegs‘. Für diese Aufgabe wurde Carl nun angeheuert, denn sie sollten die Streikpostenkette überrennen und die streikenden Arbeiter zur Aufgabe zwingen. Rohe Gewalt war das Gebot der Stunde – und genau darin zeichnete sich Carl aus. Während andere Blacklegs in Truppen gegen die überwältigende Zahl von Streikenden vorgingen, konnte Carl einfach mit schwingenden Fäusten dazwischenfunken. Er war unempfindlich gegen jede schwache Verteidigung, die die Streikposten aufbieten konnten, pflügte durch sie hindurch wie ein wilder Stier und brüllte auch so. Nach seiner Zeit im Gefängnis wusste er, dass er ein starker Mann war, aber dies hier zementierte die Erkenntnis seiner eigenen körperlichen Fähigkeiten in seinem Kopf. Das hier war keine Schlägerei, sondern ein regelrechter Krieg, und Carl konnte sich gegen eine kleine Armee behaupten.

Ob der Streik in St. Louis durch den Druck der Brutalität von Carl Panzram gebrochen wurde, ist schwer zu sagen, aber man darf ihn keineswegs völlig außer Acht lassen. Nach einer Woche war die Angst vor dem Mann so groß, dass viele Streikende nur seinen bösen Blick sehen mussten, um den Schwanz einzuziehen und zur Arbeit zurückzukehren. Carl wurde gut entschädigt, aber kaum hatte er sich in den Fluss der Gewalt gestürzt, fand dieser schon wieder ein abruptes Ende. Der Streik war gebrochen. Er bekam ein dickes Bündel Bargeld ausgehändigt und wurde weggeschickt, ohne auch nur ein Referenzschreiben zu erhalten. Dafür hasste ihn inzwischen die ganze Stadt und er konnte keinen Abend in einer der Bars verbringen, ohne dass nicht ein junger Schläger versuchte, seinen Mut zu beweisen, indem er ihn angriff, während er versuchte, sein hart verdientes Geld für Alkohol auszugeben. So war es für Carl höchst unangenehm, dortbleiben. Er spürte, dass die Polizei und die Einheimischen ihn ständig beobachteten, und so war er keine Woche nach Streikende verschwunden und die Geschichten über seine Taten verblassten bald zu einem Mythos.

Carl hätte sämtliche moderne Ansichten über eine homosexuelle Beziehung abgelehnt und wirkte persönlich beleidigt angesichts der Vorstellung, dass er an irgendeiner Art von Beziehung mit einem Mann interessiert sein könnte, in der es keine Vergewaltigung gab. Doch innerhalb der Gruppen von Obdachlosen, die er bei seinen Reisen ständig traf, stand ihm ein schreckliches Modell männlicher Sexualität zur Verfügung: der ‚Yegg'.

Ein Yegg war ein älterer Krimineller, der sich einen Jungen, einen sogenannten ‚Punk' oder ‚Angelina', als Komplizen hielt. Dieser Junge war selten älter als ein Teenager und die Beziehung selten einvernehmlich. In der Regel handelte es sich um die erweiterte Entführung eines Kindes, das abwechselnd als Werkzeug für Einbrüche, bei denen man sich durch engste Räume bewegen musste, und als Sexsklave gehalten wurde. Angelinas wurden oft wie Eigentum zwischen den Yeggs gehandelt – als Zahlungsmittel, weil ihr derzeitiges Yegg sie satthatte oder um eine Entdeckung durch das Gesetz zu vermeiden.

Nachdem Carl St. Louis mit viel Geld in der Tasche verlassen hatte, wollte er seine kriminellen Aussichten verbessern, indem er von einem Straßenhändler einige Pistolen und von einem der Yeggs, auf die er immer wieder in den Zügen traf, einen Angelina erwarb. Der Name von Carls Punk ist nicht überliefert, da Carl sich nie die Mühe gemacht hat, ihn zu erfahren, aber seine Beschreibung eines „lockigen, blauäugigen, rosigen, dicken Jungen" war die beste Beschreibung, die er je von einem anderen Menschen gegeben hatte, auch wenn er den Jungen eindeutig als ein Objekt betrachtete, das benutzt werden sollte. Die beiden begingen Einbrüche im ganzen Land, und obwohl Carl das Knacken von Tresoren nie perfektionierte, gelang es ihm, so viele gewaltsam zu öffnen, dass er sich um Bargeld niemals Sorgen machen musste. Trotz seines neuen Reichtums gab Carl keinen Cent unnötig aus. Er kaufte nur dann neue Kleidung, wenn seine eigene zerfiel, und die seines Punks nicht mehr zu flicken war. Ob es seine geizige Natur war oder ein bewusster Versuch der Tarnung, um das beträchtliche Geldbündel in seinem Rucksack geheim zu halten, konnte keiner der beiden genau sagen. Wie auch immer: Auf den ersten Blick erkannte niemand, dass sie etwas anderes waren als umherziehende Landstreicher.

Je mehr Geld sie einnahmen, desto schneller und weiter wollte Carl kommen – und desto häufiger vermied er es, Züge zu benutzen. Er trug eine Bibel und ein Sparbuch bei sich, um zu beweisen, dass er ein gottesfürchtiger, aber in Not geratener Mann und kein richtiger Landstreicher war, sobald die Eisenbahnbullen auf ihn zukamen. Wenn er Mitleid erregen konnte, tat er es. Wenn nicht, stieß er sie aus dem fahrenden Zug. Diese zusätzliche Reisezeit brachte mehr Langeweile mit sich, als Carl ertragen konnte. Er konnte den jungen Mann, den er mit sich schleppte, nicht so oft am Tag vergewaltigen, also fing er an, die Waggontür aufzustemmen und auf die Fenster der Farmhäuser und das Vieh zu schießen, um seine Treffsicherheit zu verbessern. Ob er dabei auch Menschen getötet hat, ist nicht überliefert, aber die Viehherden hat er auf jeden Fall ausgedünnt.

Nur einen Monat nach dem Erwerb seiner Waffen fand sich das Duo in Jacksonville, Texas, wieder, wo sie bei einem Einbruchsversuch in ein altes Stadthaus von der örtlichen Polizei auf frischer Tat ertappt und zur Arbeit in einer Straßenkolonne verurteilt wurden. Die Polizei beschlagnahmte Carls Waffen, ließ ihm aber seinen Jungen. Die beiden machten sich also daran, die bereits verfallenen

Straßen von Texas auszubessern, kampierten nachts unter dem Sternenhimmel und arbeiteten tagsüber in der prallen Sonne. Der Chef der Arbeitskolonne fand Gefallen an Carls Angelina und konfiszierte ihn für seine Zwecke, nahm ihn also aus der Truppe und hielt ihn in seinem eigenen Zelt fest. Carl war wütend, fand aber kein Ventil für diese Wut, da ein halbes Dutzend bewaffneter Männer zwischen ihm und dem standen, was ihm gehörte. Nach einer Woche war der Chef seines neuen Spielzeugs überdrüssig und schickte den Jungen zu den Gefangenen zurück, wobei er wenigstens etwas Unterhaltung erwartete, wenn sie sich darum stritten, wer sich als Nächstes an ihm verging. Doch das wagte niemand. In Carl hatte die ganze Zeit die Wut gebrodelt und alle fürchteten sich vor dem Ausbruch, der mit Sicherheit kommen würde.

Unerklärlicherweise tat er das nie. Carl verbrachte seine vierzig Tage in aller Stille und am letzten Tag ging er bei Einbruch der Dunkelheit zum Chef der Truppe, um seine Sachen zurückzufordern. Doch dieser weigerte sich, ihn gehen zu lassen. Carl war ein Arbeitstier, und wenn sie die ihnen übertragenen Aufgaben erledigen wollten, brauchten sie jemanden wie ihn in der Truppe. Natürlich war Carl über diese Antwort nicht erfreut, aber wieder einmal nahm er sie mit untypischem Schweigen hin. Noch in derselben Nacht versuchte er zu fliehen, wurde aber von einem der Wächter, der bereits erkannt hatte, dass Männer wie Panzram Ungerechtigkeiten nicht ohne Weiteres hinnahmen, mit dem Lauf einer Schrotflinte an der Brust gestoppt. Am nächsten Morgen wurde er für seinen Fluchtversuch bestraft, obwohl er rechtlich gesehen ein freier Mann war. Die ‚Snorting Pole' (dt.: stöhnende Stange) war in dieser Zeit eine typische Gefängnisstrafe. Die Wärter stellten also eine gut drei Meter hohe Stange auf, führten ein Seil durch einen Haken an ihrer Spitze und verbanden sie mit einem Paar Handschellen. Dann zogen sie Carl hoch, bis er nur noch auf den Zehenspitzen balancierte, zogen ihn nackt aus und schlugen mit Schlangenpeitschen auf ihn ein. So grausam dies schon unter normalen Umständen war, für die Straßenarbeiter war es noch schlimmer, da die Wachen spezielle ‚schwarze Schlangenpeitschen' besaßen, die mit Bleigewichten bestückt waren, um bei den großen Klapperschlangen, die das Gebiet bevölkerten, einen Eindruck zu hinterlassen und um sie im Falle eines Fluchtversuchs als behelfsmäßige Totschläger verwenden zu können.

Eine Stunde lang wurde Carl von den Wachen blutig gepeitscht, aber obwohl die Stange nach den Geräuschen benannt worden war, die eine solche Behandlung den Männern entlockte, bekamen sie aus Panzram keinen einzigen Ton heraus. Als sie ihn wieder herunter ließen, gaben die Beine nicht unter ihm nach, und als der Chef siegesgewiss auf ihn zutrat, sah er auf Carls Gesicht nicht die geringste Spur von Angst. In seinen eigenen Worten stellte Carl nach dieser Behandlung fest, dass er „Blut auf dem Rücken und Mord im Herzen" hatte, und es schien, dass der Chef dies ebenfalls erkannte – und ihn sofort freiließ.

Carl ging mit nichts als den Kleidern von dannen, die durch das trocknende Blut an seinem Rücken klebten, und machte sich nicht einmal die Mühe, seinen Angelina zu holen, der zwischen den anderen Gefangenen kauerte.

Sie erwarteten vielleicht, dass er dort draußen sterben würde, ohne Geld und ohne Nahrung, aber Carl war aus härterem Holz geschnitzt. Eine Zeit lang lebte er wie ein Raubtier, stahl Hühner aus Ställen, die er anschließend niederbrannte. Er zündete aus Spaß Weiden an, um seine Wut zu lindern. Alles, was er verdient hatte, war verloren, und alles, was ihm blieb, waren Körperkraft und Wut – eine tödliche Kombination.

Mehr Gewicht

Irgendwann fand Carl den Weg zu einem Rangierbahnhof und flüchtete aus dem ländlichen Texas bis nach Oregon, bevor eine weitere Spur von ihm gefunden werden konnte. Er verbrachte einige Monate als Saisonarbeiter in den reichen Wäldern dieses Bundesstaates, hielt sich eine Zeit lang von der Zivilisation fern und wartete darauf, dass die Hitze abklang, die sich im Zuge seiner letzten Verbrechensserie angestaut hatte. Seine Zurückhaltung sollte nicht von Dauer sein. Kaum entließ man ihn für den Winter, wandte er sich wieder dem Verbrechen zu und arbeitete sich die Pazifikküste hinunter, wobei er eine Spur von misshandelten Männern mit leeren Geldbörsen hinterließ. In dieser Zeit gab es nichts, was er nicht gestohlen hätte: Bargeld, Schmuck, Kleidung, Fahrräder und sogar eine Jacht, auf der er sich selbst beizubringen versuchte, die Küste hinunter zu segeln, bevor er sie versehentlich gegen einen Felsen steuerte und ans Ufer schwimmen musste.

In San Francisco versuchte er, einige seiner alten Unterweltkontakte aufzusuchen, um einen Teil des Diebesguts zu verkaufen, das er in der Zwischenzeit angehäuft hatte. Bevor er in die Stadt ging, vergrub er seine gesamte Beute in einem der vielen Verstecke, die er im ganzen Land angelegt hatte, und nahm nur etwas Bargeld für die Bars und eine Pistole mit, damit alle Transaktionen etwas reibungsloser abliefen.

Vor allem eine Bar war damals ein regelmäßiger Treffpunkt der kriminellen Unterwelt San Franciscos: der Louvre, benannt nach dem Pariser Museum, dessen Wände und Decken mit Nacktbildern geschmückt waren. Dort begegnete Carl ein paar alten Bekannten, aber niemand wollte etwas mit ihm zu tun haben. Doch bald fand er einen Interessenten für die goldene Uhr, die er als Beweis für die Qualität seiner Waren mitgebracht hatte. Er glaubte, der Mann nähme ihn mit, um Bargeld für das erste Geschäft zu holen, als zwei uniformierte Polizisten aus dem Nichts auftauchten und ihm Handschellen anlegten. Da er im Louvre damit geprahlt hatte, wusste die Polizei, dass er irgendwo noch viel mehr Diebesgut versteckt hatte, und die Beamten in Oregon setzten ihre Kollegen unter Druck, es zu finden und zurückzugeben.

So fanden mehrere interne Sitzungen mit dem Richter und seinem Verteidiger statt und bald überbrachte der Letztgenannte Carl den ausgehandelten Deal: Wenn er den Aufenthaltsort der gestohlenen Waren verriet und sich schuldig bekannte, würde er im Gegenzug eine mildere Strafe erhalten und bald wieder auf freiem Fuß sein. Als er vor der Wahl zwischen diesem Angebot und den sieben Jahren stand, die er wahrscheinlich wegen schwerem Diebstahl absitzen müsste, stand seine Entscheidung schnell fest. Er unterschrieb das Geständnis, gab eine genaue Beschreibung des Verstecks und machte sich grinsend auf den Weg zu seiner nächsten Haftstrafe.

Erst als er im Oregon State Penitentiary eintraf, erfuhr er, dass der Richter ihm trotzdem die volle siebenjährige Haftstrafe auferlegt hatte. Er beteuerte vor dem Gefängnisdirektor, dass das Urteil falsch und das Ganze ein Missverständnis sei, aber der Richter hatte ein Begleitschreiben mitgeschickt, in dem er erklärte, dass Carl ein Berufsverbrecher und im ganzen Nordwesten bekannt sei, und dass seine Strafe nicht nur die Verbrechen widerspiegeln müsse, für die er verurteilt worden sei, sondern auch alle seine früheren Vergehen.

Also wurde Carl in eine normale Zelle gesteckt, wo er schimpfte, tobte und Beleidigungen ausspie. Doch das Staatsgefängnis von Oregon hatte seine Fähigkeiten weit unterschätzt. In seiner Wut gelang es Carl, die rostigen Gitterstäbe seiner Zelle aus ihren Halterungen zu biegen und zu entkommen. Doch anstatt sich auf den Weg zum Ausgang zu machen, lief er in das Gefängnis hinein, steckte Stofffetzen in jedes Schloss, sodass sich niemand mehr im Gebäude bewegen konnte, schlug die Wachen bewusstlos und fand schließlich in der Werkstatt jene Stoffe, mit denen er das ganze Gebäude in Brand setzte.

Das Feuer breitete sich zwar nicht so weit aus, wie Carl es sich gewünscht hätte, aber mit den verklemmten Türen war es praktisch unmöglich, es zu bekämpfen. Die Gefangenen mussten im Hof evakuiert und die zivile Feuerwehr herbeigerufen werden. Die komplette Einrichtung war zerstört und rußverschmiert, und fast jeder verbliebene Wachmann war nötig, um Carl auf den Hof zu bringen. Die anderen Häftlinge feuerten ihn an, verhöhnten die Wachen und verloren jeglichen Respekt vor ihrer Autorität. Das konnten sie nicht zulassen. Also drückten die Wachen Carl nieder und schlugen mit Hämmern auf seine Knöchel ein. Er würde nie wieder aufrecht und stolz vor den anderen Gefangenen stehen können.

Seine verbleibenden Tage im Staatsgefängnis waren kurz. Er wurde auf dem Boden einer Einzelhaftzelle zurückgelassen, ausgehungert und unter Qualen, da seine gebrochenen Knochen in der falschen Position wieder zusammenwuchsen. Als man ihn schließlich herausholte, tat man es nicht, um ihm die dringend benötigte medizinische Behandlung zukommen zu lassen, sondern um ihn in das härteste Gefängnis der gesamten Vereinigten Staaten zu verlegen: in die Justizvollzugsanstalt von Salem.

Carl konnte kaum stehen, als er in Salem, Oregon, ankam, aber er wollte weder den Wachen noch den anderen Gefangenen gegenüber einen Moment der Schwäche zeigen. Kaum hatte man ihn in eine Zelle gesteckt, füllte er einen Nachttopf und warf ihn nach der ersten Wache, die vorbeikam. So grausam die Behandlung während seiner früheren Gefängnisaufenthalte auch gewesen war, Carl konnte nicht ahnen, mit welcher Brutalität er in Salem konfrontiert werden würde. Er wurde von einem Kader bewaffneter Wachen bewusstlos geschlagen und dann mit dem Gesicht voran an seine Zellentür gekettet. Vielleicht half ihm das sogar, denn die Zeit, in der er nicht auf den Füßen stand, ermöglichte seinen Knöcheln eine Heilung ohne Belastung, doch Carl sah das sicher anders. Er schrie und beschimpfte jeden, der vorbeikam. Er würde keine Schwäche zeigen, auch wenn sie ihn festgekettet hatten. Sie würden ihn nicht brechen.

Die Leitung der Justizvollzugsanstalt Salem war erst vor Kurzem von Henry Minto übernommen worden, einem ehemaligen Polizeichef, der das Gefängnis als Investitionsmöglichkeit betrachtete. Seiner Meinung nach war das Ziel des Gefängnisses, einen Gewinn für den Staat zu erwirtschaften. Und je größer der Gewinn war, desto mehr konnte er in die eigene Tasche stecken, ohne dass es jemand bemerkte. Seine erste Amtshandlung bestand daher darin, die Tageslöhne der Häftlinge um zwei Drittel zu kürzen. Das Geld, das den Familien der Gefangenen zukommen sollte, wurde ebenfalls zurückgehalten, bis sie ihre Verwandtschaft nachweisen konnten – etwas, wozu fast niemand in der Unterschicht in der Lage war, da kaum jemand lesen und schreiben konnte. Das Gefängnis war nicht nur sein persönliches Sparschwein, sondern auch sein persönliches Reich. Er verlangte von seinem gesamten Personal absoluten Gehorsam und von den ihm anvertrauten Gefangenen ein Höchstmaß an Respekt. Erhielt er nicht die Achtung, die ihm seiner Meinung nach zustand – wenn er sich also in irgendeiner Weise beleidigt fühlte –, stand ihm eine kleine Armee kleiner Tyrannen zur Verfügung, die jeden Flügel des Gefängnisses nach ihren eigenen gestörten Vorgaben leiteten. Der Mann, der damit beauftragt war, Carl zu brechen und ihn in das System einzugliedern, war ausschließlich als ‚Vinegar' (dt.: Essig) bekannt.

Vinegar war ein seltsamer Mann, ein Mann mit einem sehr eigenen Geschmack. Um aufsässige Gefangene zu brechen, brachte er sie in einen besonderen Raum, der ausschließlich ihm vorbehalten war. In ihm gab es unzählige kleine Vasen voller Rosen, deren Blütenblätter sich oft lösten, wenn Vinegar die ‚neunschwänzige Katze' schwang, die er zwischen den Rosen versteckt hielt. Stundenlang bearbeitete er die Rücken der Gefangenen wie Carl mit dieser Peitsche, an deren neun Enden sich Stahlspitzen befanden, und sang dabei Kirchenlieder. Vermutlich hatte er sich diese Angewohnheit zugelegt, um die Schreie zu übertönen, doch bei Carl war sein Gesang völlig unnötig gewesen. Der Mann gab keinen Laut von sich.

Trotz der vielen Bestrafungen konnten die Wachen Carl nicht dazu bringen, sich unterzuordnen. Selbst Vinegar, der talentierteste von Mintos Lakaien, hatte kein Glück mit ihm. Schließlich rief Minto Carl in sein Büro und konfrontierte den Gefangenen auf Augenhöhe, da er der Meinung war, dass ein wenig Respekt auf beiden Seiten nötig sei, um das Problemkind ruhig zu stellen. Carl spuckte ihm seinen Respekt ins Gesicht. Er schwor, dass er diese sieben Jahre niemals absitzen und dass nichts, was Minto tat, ihn im Gefängnis halten würde. Nachdem die Fronten geklärt waren, lächelte Minto und ließ Carl in seine Zelle zurückkehren. Die nächste Stufe seines Eskalationsplans würde am nächsten Tag beginnen.

In Salem war es üblich, die Gefangenen nackt an die Wand zu ketten und sie mit einem Feuerwehrschlauch abzuspritzen. Carl wurde ebenfalls mehrmals auf diese Weise behandelt, wobei einmal beide Augen anschwollen. Aber diese spezielle Wasserbehandlung war nichts im Vergleich zu dem, was Vinegar als Nächstes mit Carl tun sollte.

Carl hatte keine Ahnung, was ihn erwartete, als sie ihn in das neue Zimmer brachten, aber ein Bad stand sicher nicht ganz oben auf seiner Liste von Dingen, die ihm Sorgen bereiteten. So stieg er sorglos in die Stahlwanne, ließ sich von Vinegar an Händen und Füßen an einen Ring in der Mitte fesseln und zuckte kaum zusammen, als das Eiswasser kam und die Wanne halb füllte. Als Kind hatte er auf der Farm schon kälteres Wasser erlebt. Wenn Minto dachte, dass eine kleine Erkältung seine Entschlossenheit ins Wanken bringen würde, hatte er sich getäuscht. Als Vinegar sich dann einen Gummimantel und Handschuhe überzog, um sich vor dem kalten Wasser zu schützen, musste Carl lachen, weil er so lächerlich aussah ... bis er den Schwamm und die daran angeschlossene Batterie entdeckte. Als sie ins Wasser getaucht wurde, verursachte sie bei Carl lediglich ein unangenehmes Kribbeln am ganzen Körper, aber als Vinegar sich von den Fußsohlen nach oben arbeitete, begannen die Qualen erst so richtig. Die Mechanik dieses Geräts, das die Wärter als ‚Hummingbird' (dt.: Kolibri) bezeichneten, ähnelte derjenigen, die später beim elektrischen Stuhl verwendet werden sollte. Der nasse Schwamm leitete den Strom zu einem bestimmten Punkt im Körper. Es fühlte sich an, als würden glühend heiße Nadeln in Carls Fleisch gerammt werden, aber auf seinem Körper blieb keine einzige Wunde zurück. Er konnte endlos gefoltert werden, ohne dass er starb oder irgendjemand Verdacht schöpfte, dass ihm etwas Verbotenes angetan worden war.

Wie bei jeder anderen Gelegenheit, bei der eine Institution hart gegen Carl vorging, schlug er noch härter gegen das Gefängnis – und den Aufseher – zurück. Er zündete die Werkstatt des Gefängnisses an und in dem anschließenden Chaos gelang es ihm, eine der Äxte der Wachen zu ergattern. Er raste wie ein Berserker durch die Gänge, jagte die Wachen durch das ganze Gefängnis und verhalf so vielen Gefangenen zur Flucht, wie er konnte. Er selbst war zu groß, um sich durch die von ihm eingeschlagenen Fenster zu zwängen, aber wenn er sich schon nicht selbst aus dem Gefängnis befreien konnte, so wollte er doch jeden anderen Mann befreien. Solange Minto das Sagen hätte, würde er keinen Frieden finden.

Diese Art von Übertretung ging weit über alles hinaus, womit Minto je zu tun gehabt hatte. Daher brauchte er Zeit, um sich eine Antwort zu überlegen. Carl wurde zum ‚Kerker' verurteilt, einer unterirdischen Einzelzelle, in der er die nächsten einundsechzig Tage in ständiger Dunkelheit verbringen sollte. Lebensmittel wurden nicht bereitgestellt. Zum Überleben musste er im Dunkeln nach Kakerlaken suchen. Am Ende dieser Strafe erwartete niemand im Gefängnis, dass er lebend und gesund wieder auftauchen würde, aber sein Verhalten hatte sich kaum verändert, und er sah so gesund aus wie immer, wenn auch etwas dünner.

Von diesem Tag an nahmen die Fluchtversuche kein Ende mehr. Jeden Tag brütete Carl einen neuen Plan aus und setzte ihn in die Tat um, wobei er oft ein halbes Dutzend verschiedener Pläne in Bewegung setzte. Er stahl Zitronenextrakt aus den Gefängnisspeichern, destillierte daraus Schnaps und machte zehn der stolzesten Gefangenen so betrunken, dass sie die Wachen angriffen, und führte ein halbes Dutzend Männer in das Chaos, das daraufhin ausbrach. Einem halben Dutzend anderer Insassen brachte er bei, wie man Sägeblätter aus der Werkstatt schmuggelte und damit die Gitterstäbe der Zellenfenster durchtrennte. Selbst die massiven Gefängnismauern waren für Carl nur ein weiteres Problem, über das er mit seinem unglaublich praktischen Verstand nachdenken konnte. Mit den Henkeln von Eimern und Streifen aus zerrissenen Decken ließ er die Männer behelfsmäßige Enterhaken bauen und sie im Hof für den nächsten Fluchtversuch verstecken. Hatten sich bisher die Inhaftierten auf Gehorsam und Arbeitseinatz konzentriert, lenkte er ihre Gedanken auf extravagante Fluchtfantasien.

Der Kolibri sang jeden Tag für Carl, aber danach humpelte er herum, hob kleinere Männer an die Fenster, lehrte anderen die Wachablösung und drohte jedem Wachmann Gewalt an, der ihn auch nur eines Blickes würdigte. Unter diesen Männern befand sich auch Otto Hooker, ein 21-jähriger Einbrecher, dem Carl kurzzeitig zugetan gewesen war. Nachdem er entkommen war, besorgte er sich in der nächsten Stadt eine Waffe. Superintendent Minto beteiligte sich an der Fahndung mit seiner alten Dienstflinte, wie er es schon ein Dutzend Mal getan hatte, aber dieses Mal kam alles anders. Als er Hooker in die Enge trieb, antwortete der kleine Mann mit einem Kugelhagel, der Minto in Stücke riss.

Dies war der allererste Mord, der Carl zugeschrieben wurde. Er wurde für Hookers Taten verantwortlich gemacht und seine Strafe wurde um weitere sieben Jahre erhöht. Nicht, dass er das unten im Kerker gewusst hätte. Als er aus seiner Einzelhaft kam und erfuhr, dass Minto tot war, war er überglücklich. Doch die Freude währte nicht lange. Harry Mintos älterer Bruder, John Wilson Minto, war zum kommissarischen Superintendenten ernannt worden, bis eine dauerhafte Lösung gefunden werden konnte, und machte Carl für den Tod seines Bruders verantwortlich. Er hatte diesen Posten nur aus einem Grund angenommen: Rache.

Im September 1917 gelang Carl schließlich die Flucht, wobei er Elemente aus allen früheren Fluchtversuchen, an denen er mitgewirkt hatte, zu einem perfekten Plan verband. Mit einer Bügelsäge entfernte er die Gitterstäbe vor seinem Zellenfenster und konnte dank seines erschlankten Körpers durch die entstandene Lücke schlüpfen. Mit einem selbst gebauten Enterhaken konnte er die vermeintlich unüberwindbare Mauer überwinden und weglaufen. Er machte sich auf den Weg in die nächstgelegene Stadt: Tangent.

Bei seiner Ankunft in Tangent brach er in das erste Haus ein, das er finden konnte, und besorgte sich Wechselkleidung und eine geladene 38er-Pistole. Er war gerade auf dem Weg zum Zug, als einer der örtlichen Polizisten ihn anhand der frisch gedruckten Fahndungsplakate auf dem Bahnhof erkannte und ihn festnehmen wollte. Es kam zu einem Schusswechsel, bei dem beide Männer ihre Pistolen in Richtung des anderen entleerten, aber während der Hilfssheriff über einen ganzen Gürtel mit Munition verfügte, besaß Carl nur die wenigen Patronen in seiner Waffe. Sie waren viel zu schnell verbraucht. Also näherte er sich dem Hilfssheriff mit erhobenen Händen, aber sobald der Mann seine Waffe wegsteckte und nach den Handschellen griff, griff Carl nach seinem Dienstrevolver. Es kam zu einem Ringkampf, der erst endete, als sämtliche Kollegen des Polizisten auftauchten. Carl trat gegen Fensterscheiben, als er weggezerrt wurde, er rammte die Zähne in die Hände der Polizisten, er tat buchstäblich alles, was in seiner Macht stand, um zu entkommen, aber sie schleppten ihn trotzdem zurück nach Salem, wo er prompt wieder in Einzelhaft gesteckt wurde.

Der neue Minto begann mit dem Bau eines Gefängnisses innerhalb des Gefängnisses, das ausdrücklich dazu bestimmt war, Carl und alle anderen Unruhestifter einzusperren, die in seine Fußstapfen traten. Als die Bauarbeiten abgeschlossen waren, hatte der Hunger in Einzelhaft die Zahl der Rädelsführer auf zehn reduziert, aber diese zehn waren zu der neuen Hölle verurteilt, die Minto ausgeheckt hatte: den Bullpen.

In der Mitte des höhlenartigen Raums wurde ein Kreidekreis gezogen, in dem die Häftlinge 14 Stunden ihre Runden ziehen mussten. Wer diese Grenze während dieser Zeit überschritt, wurde erschossen. Wer die Hände von den Schultern des Mannes vor ihm nahm, wurde erschossen. Wer langsamer lief, wurde erschossen. Es war also mehr eine Todesfalle als alles andere und mehrere Gefangene tappten in den folgenden Monaten in sie, nicht aber Carl. Niemals Carl.

Als die neuen Grausamkeiten, die John Minto den Gefangenen während seiner Amtszeit zugefügt hatte, bekannt wurden, blieb dem Staat keine andere Wahl, als ihn durch einen neuen Superintendenten zu ersetzen. Murphy war das genaue Gegenteil der Gebrüder Minto – ein überzeugter Reformer, der glaubte, dass die Quälerei der Männer im Gefängnis sie nur noch krimineller machte. Er schaffte die körperliche Züchtigung in Salem ab, riss den Bullpen nieder und verbot die Einzelhaft, es sei denn, sie war zum Schutz des Gefangenen notwendig. Die schlimmste Strafe, die rüde Häftlinge bei ihm zu erwarten hatten, war Kartoffeln schälen. Er verbesserte die Verpflegung, um den im Gefängnis grassierenden Skorbut zu beseitigen, schuf neue Arbeitsplätze für die Gefangenen, damit sie ihre Zeit sinnvoller verbringen konnten, und sorgte dafür, dass sie für diese Arbeit besser bezahlt wurden.

Alle Unruhe war verflogen und Carl wurde zur einzigen Stimme der Rebellion im ganzen Haus. Als Reaktion darauf verbesserte Murphy seine Verpflegung und gab ihm Zeitschriften. Als ein Sägeblatt in seiner Zelle gefunden wurde, lud Murphy ihn zu einem höflichen Gespräch ein, in dem Carl seinen Standpunkt darlegte: Er war der schlimmste Gefangene im Gefängnis und keine noch so freundliche Behandlung würde ihn weich machen. Er würde gegen diesen Direktor kämpfen wie gegen jeden anderen zuvor. Das Wagnis, das Murphy als Reaktion auf diese Aussage einging, war verblüffend: Wenn Carl versprechen würde, vor dem Abendessen zurückzukehren, würden ihm am nächsten Tag die Tore des Gefängnisses offen stehen. Er konnte weggehen, sich die Beine vertreten, die Landschaft genießen und tun, was er wollte, solange er vor Ende des Tages zurückkam. Carl gab das Versprechen mit einem verächtlichen Grinsen und der festen Absicht, den ersten Zug zu nehmen, den er erwischen konnte.

Als der Tag anbrach, lief er eine Weile umher und versuchte herauszufinden, ob es sich um eine Falle handelte, um einen Vorwand, um auf ihn als flüchtenden Gefangenen zu schießen, aber als die Mittagssonne über ihm stand, wurde Carl klar, dass er tatsächlich frei war. Er setzte sich auf einen Stein und versuchte, sich über seine Situation klar zu werden. An diesem Abend kehrte er zu den Toren des Gefängnisses zurück und verlangte, dass man ihn wieder hineinließ. Die einzige Möglichkeit, herauszufinden, was vor sich ging, bestand darin, wiederzukommen und mehr herauszufinden.

Damit begann für Carl eine sehr kurze Zeit der Reformation. Er bekam einen Job im Gefängnis und als er sich dort auszeichnete, wurde er in das Baseballteam eingeladen, das Murphy gerade zusammengestellt hatte. Trotz seiner unglaublichen körperlichen Verfassung war er sehr unsportlich und bald sehr frustriert angesichts seines eigenen Versagens. Murphy war nicht bereit, Carl aufzugeben, und setzte ihn in der Marschkapelle ein, wobei er hoffte, dass die

Musik seine Seele besänftigen würde. Auch hier konnte Carl nicht sofort glänzen, was zu großer Frustration führte. In einem seiner regelmäßigen Gespräche mit Murphy behauptete er, er sei einfach zu dumm, um ein Instrument zu lernen. Der Superintendent war damit ganz und gar nicht einverstanden und machte Carl zum Leiter und Dirigenten der Band, anstatt ihn zu zwingen, weitere Unterrichtsstunden zu absolvieren. Den ganzen Sommer über reiste er mit dem Baseballteam durch das Land, besuchte andere Gefängnisse und trug Freundschaftsspiele aus, bei denen nur ein einziger Wärter anwesend war.

Nach seiner Rückkehr nach Salem wurden die Bedingungen noch laxer. Er ging mit den Krankenschwestern des örtlichen Krankenhauses einen trinken, schlenderte bis spät in den Abend rauchend umher und bekam sogar ein Praktikum angeboten. Man sprach sogar über Bewährung, da er nur noch vier Jahre zu verbüßen hatte. Doch mit erdrückender Unvermeidlichkeit setzte sich bald wieder seine wilde Natur durch.

Er lehnte sich gegen diese Art der Behandlung ebenso auf wie gegen die Brutalität und am 12. Mai 1918 gelang Carl die endgültige Flucht. Mitten in der Nacht wiederholte er exakt seinen ersten Plan, aber während er sich zuvor auf die Heimlichkeit verlassen hatte, ging er dieses Mal ohne mit der Wimper zu zucken direkt zur Mauer. Carls Anblick auf dem nächtlichen Hof war den Wachen inzwischen vertraut, sodass sie ihm keine weitere Beachtung schenkten, selbst als er seinen Enterhaken über das Dach warf. Erst nachdem er auf die Mauer geklettert war, begriffen sie, was los war, und eröffneten das Feuer. Jede Kugel schien ihr Ziel zu verfehlen. Der Blick auf Carls Gesicht war so finster, dass die Wachen zu verängstigt waren, um überhaupt geradeaus zu zielen. Er schaute verächtlich auf die Justizvollzugsanstalt Salem zurück, bevor er sich in den Wald fallen ließ und aus ihrem Sichtfeld verschwand. Die Wachen stürmten hinter ihm her. In dieser Nacht wurden über zweihundert Schüsse abgefeuert, von denen jedoch kein einziger sein Ziel fand.

Am besten kalt serviert

Nach seiner Flucht aus Salem änderte Carl seinen Namen, rasierte sich den Schnurrbart ab und verließ den Nordwesten mit dem ersten Zug, den er finden konnte. Murphy verlor seinen Job und all seine Reformen wurden wieder rückgängig gemacht, was die Reform des Strafvollzugs um Jahrzehnte zurückwarf. Carl war wieder frei, doch seine Erfahrungen im Gefängnis hatten ihn verändert. Denn plötzlich wurde er – trotz all seiner nihilistischen Reden über die Abscheu vor der gesamten menschlichen Rasse – von Schuldgefühlen wegen seiner Flucht und den Folgen für den einzigen Mann geplagt, der ihn je in seinem Leben anständig behandelt hatte.
Er wechselte nicht nur in jeder Stadt seinen Namen, sondern veränderte auch so oft wie möglich sein Äußeres und das Muster seiner Verbrechen. Immer wieder wurde er wegen Brandstiftung, Raub und sogar Vandalismus verhaftet. Und jedes Mal floh er wieder und verspottete die Wachen und die Polizei, die ihn auf Schritt und Tritt verfolgten. Seine volle Strafe saß er höchstens dann ab, wenn sie weniger als einen Monat betrug – und das tat er auch nur dann, wenn er keine besseren Pläne hatte. Gefängnisse waren einfach nicht für

einen Mann wie Panzram gebaut, der dank seiner körperlichen Stärke, seiner Fähigkeit, andere Gefangene zu seinen Gunsten zu manipulieren und seines Einfallsreichtums jedes Mal einen Ausweg fand.

Nachdem er drei Wochen in Rusk, Texas, verbracht hatte und weiterziehen wollte, ging Carl auf große Sauftour. Nachdem er dabei einige Stunden in sich gegangen war, war er zu dem Entschluss gekommen, dass es wieder an der Zeit für eine Erwerbstätigkeit sei. Die US Army würde ihn aus ziemlich offensichtlichen Gründen nicht haben wollen, aber vermutlich könnte er stattdessen ein anständiges Einkommen erzielen, wenn er für die mexikanische Armee Menschen tötete. Also stieg er in den ersten Zug in Richtung Süden, verließ ihn aber wieder, noch bevor er beschleunigt hatte, als er einen Mann entdeckte, der in eine der kleinen Städte fuhr, die er durchquert und die ihm gefallen hatte.

In dieser Zeit in Amerika, dem Goldenen Zeitalter, wurde überall ein Vermögen gemacht. Der versprochene Reichtum der Neuen Welt strömte aus allen Richtungen und erreichte selbst hier im ländlichen Texas einige Männer. Der Mann, der Carls Aufmerksamkeit erregt hatte, kam gerade von seiner Arbeit auf den Ölfeldern im Süden und war mit einem dicken Umschlag voller Geld in seinen Taschen auf dem Heimweg. Ob das Geld oder der Mann den Ärger heraufbeschwor, ist unklar, aber noch bevor er einen Schritt in die Stadt gesetzt hatte, war Carl hinter ihm her. Hier war keine Cleverness gefragt, keine List, die er bei seinen Verbrechen oft anwendete. Alles, was Carl brauchte, war die Kraft in seinen Armen. Er packte den Kerl am Hals und zerrte ihn außer Hörweite, bevor er seiner üblichen Routine nachging.

Der junge Mann war beim besten Willen nicht schwach, nicht nach den langen Monaten auf den Ölfeldern, aber er war wie ein Baby in Carls Händen. Als er sich nicht freiwillig von seinem Geld trennen wollte, schlug Carl ihn, bis er seine Meinung änderte. Als er sich nicht ausziehen wollte, schlug Carl ihn, bis er seine Meinung änderte. Und als er nicht mit dem Gesicht in den Sand gedrückt und so grob genommen werden wollte, dass er blutete und schrie, schlang Carl die Hände um die Kehle des Mannes und drückte zu, bis er verstummte. Nur wenige Männer wehrten sich noch nach den ersten Schlägen gegen Carl und noch weniger wehrten sich während ihrer Vergewaltigung, aber selbst dieser Kampfwille war wirkungslos gegenüber Panzrams roher Gewalt. Carl würgte ihn bis zur Bewusstlosigkeit, während er ihn vergewaltigte, und erst als er endlich fertig war, stellte er fest, dass sein Opfer in der Zwischenzeit gestorben war.

Das war der Rausch, nach dem Carl sein Leben lang gesucht hatte: der Rausch, der besser war als jeder Whiskey oder jede Vergewaltigung. In der kargen Einöde einer freudlosen Welt hatte er die einzig wahre Freude darin gefunden, andere Menschen zu beherrschen. Und hier an diesem kleinen Flecken Erde hatte er den reinsten Ausdruck dieser Dominanz erlebt. Es war das erste Mal, dass er ein Leben genommen hatte, aber es würde nicht das letzte Mal sein.

Im Rausch dieses Mordes änderte Carl seine Pläne, kaufte sich ein Zugticket in die großen Städte an der Ostküste und beschloss, so viel Freude wie möglich aus seinem Leben zu ziehen. Superintendent Murphys Bemühungen hatten Carls Abstieg in die Dunkelheit verlangsamt und seine Weltsicht verwirrt, aber die animalische Freude, die er dabei empfunden hatte, das Leben aus diesem Fremden herauszuwürgen, hatte ihm die Realität wieder klar vor Augen geführt: Wildheit war das Einzige, was in dieser Welt zählte, und es gab niemanden, der wilder war als er.

Er verbrachte einige Zeit in New York, unten am Hafen, und starrte auf die britischen Schiffe, die dort vor Anker lagen. Er hatte zwar nie Geschichtsunterricht erhalten, wusste aber trotzdem einiges über die Auseinandersetzungen zwischen den Staaten und ihren früheren Herrschern. Zwischen dem amerikanischen Unabhängigkeitskrieg und dem Krieg von 1812 hielt sich hartnäckig dieses Gefühl, dass Großbritannien ein Feind sei, der Amerika immer verfolgen würde. Zu dieser historischen Spannung kam der Neid des Königreichs auf die Boomjahre, die Amerika gerade erlebte. Carl hatte zwar eine Vorliebe für Mord, aber allein der Gedanke an weitverbreitete Gewalt und Tod reizte ihn, auch wenn er nicht direkt daran beteiligt sein konnte. Er malte sich aus, wie er Sprengsätze auf den britischen Schiffen zünden würde, um den Anschein einer militärischen Aktion zu erwecken und einen neuen Krieg mit Amerika auszulösen, und schmiedete sogar entsprechende Pläne, bevor er wieder nüchtern wurde.

Als er sich das nächste Mal betrank, gingen seine dunklen Gedanken in eine ganz andere Richtung. Er kam mit einigen Mitarbeitern der Stadtreinigung ins Gespräch und erfuhr, wo sich das Reservoir befand, aus dem der Großteil von New York sein Trinkwasser bezog. Er hatte noch nie mit Gift gearbeitet, kannte aber einige, die selbst in dieser Verdünnung noch wirksam waren. Er brauchte nur etwas Kapital, um sie zu kaufen, und schon könnte er die halbe Stadtbevölkerung auf einen Schlag auslöschen. Zum Glück für die Menschen in New York hatte Carl zu diesem Zeitpunkt sein ganzes Geld vertrunken.

Er hatte bisher gut von seinen Einnahmen aus Texas gelebt, besaß nun aber nur noch ein paar Pennys. Völlig betrunken näherte er sich einem Marineschiff und verlangte, dass sie ihn anwarben. Der Kapitän, der von dieser Einstellung und dem Körperbau des Mannes unerklärlicherweise beeindruckt war, nahm ihn unter Vertrag und gab ihm einen Vorschuss auf seinen ersten Wochenlohn, damit er alle Geschäfte, die er in der Stadt noch zu erledigen hatte, erledigen konnte. Carl ging mit dem Geld sofort in die nächste Bar und gab es auf seine liebste Art aus. Am nächsten Morgen erschien er voller romantischer Träume über die Seefahrt und den Krieg zur vereinbarten Zeit. Der Kapitän besah sich den betrunkenen Mann, der kaum noch stehen konnte, und warf ihn von Bord. Absolute Nüchternheit war zwar keine Voraussetzung für den Eintritt in die Marine, aber zum Dienst zu erscheinen, wenn man zu betrunken war, um sich noch entschuldigen zu können, war dann doch zu viel des Guten.

Als er wieder klar denken konnte, hatte das Schiff längst abgelegt, sodass er keine Möglichkeit mehr hatte, seine übliche flammende Rache zu üben. Mit kaum einer Münze in der Tasche und dem brennenden Wunsch, der Welt noch einmal eins auszuwischen, nahm Carl schließlich den Mann ins Visier, der ihm seiner Meinung nach in seinen 28 Lebensjahren am meisten unrecht getan hatte, den Mann, der bei vernünftiger Betrachtung am schwersten zu erreichen war: William Howard Taft. Der Mann, der ihn nach Fort Leavenworth geschickt und ihm die qualvollste Gefängniserfahrung seines Lebens gebracht hatte.

1920 war Taft längst kein Kriegsminister mehr, sondern war zunächst Gouverneur der Philippinen und schließlich als Nachfolger von Theodore Roosevelt Präsident der Vereinigten

Staaten gewesen. Nach seiner Präsidentschaft wollte er seine juristische Laufbahn wieder aufnehmen, musste aber erkennen, dass alle Bundesrichter, die er als Präsident in dieses Amt berufen hatte, in einen Interessenkonflikt geraten würden, wenn er in ihrem Gerichtssaal saß. Also nahm er stattdessen einen Lehrauftrag in Yale an. Diese Aufgabe und sein aktives politisches Leben hielten Taft bis in die späten Abendstunden von seinem palastartigen Haus in New Haven fern, und es war diese Abwesenheit, auf die sich Carl verließ.

Nachdem die Bediensteten nach Hause gegangen waren, brach Carl am frühen Abend in das Anwesen des Ex-Präsidenten in der Whitney Avenue 133 ein, wobei er die einfachen Schlösser an einem der Fenster leicht überwinden konnte. Er durchsuchte in aller Ruhe die Schlafzimmer und ein geräumiges Arbeitszimmer, wobei er Schmuck und Wertpapiere im Wert von mehreren Tausend Dollar einsteckte. Die beste Beute war jedoch eine Automatikpistole vom Kaliber .45. Aus Gesprächen während seiner letzten Gefängnisaufenthalte hatte Carl genug über die aufkeimende Wissenschaft der Ballistik gelernt, um zu wissen, dass jedes Verbrechen, das er mit dieser Waffe beging, auf Taft zurückfallen würde. Jedes Mal, wenn er mit dieser Waffe ein Leben auslöschte, würde William Howard Taft es erfahren und sich daran erinnern, wie Carl ihn besiegt hatte. Eine süßere Rache konnte er sich nicht vorstellen.

Das Haus war so groß, dass Carl keine Zeit hatte, es anzuzünden, nachdem er es geplündert hatte, wie er es ursprünglich geplant hatte. Stattdessen sprang er mit seinem Sack voller Schätze aus dem Fenster, als die Sonne aufging. Ohne zu zögern, machte er sich auf den Weg zum Rangierbahnhof und verließ New Haven, bevor der Diebstahl überhaupt entdeckt werden konnte. Er hatte nicht die Absicht, die größte und schönste Beute seiner kriminellen Laufbahn zu verlieren.

In Manhattan konnte Carl die Anleihen und den Schmuck für deutlich weniger verkaufen, als sie wert waren. Wären die Verkäufe rechtmäßig gewesen, hätte er wahrscheinlich um die 10.000 Dollar verdient. So bekam er nur etwa 3.000 Dollar und eine Kiste Munition.

In New York gab er sich als John O'Leary aus und kaufte unter diesem Namen eine Jacht namens Akista, die ihn einen Großteil seines Geldes gekostet hatte. Von Manhattan aus segelte er den East River hinauf, vorbei am Long Island Sound, wo er in aller Ruhe die dort liegenden Boote entern und von sämtlichen Wertsachen befreien konnte. Bald war sein eigenes Schiff mit Luxusgütern und Schnaps beladen. Er legte für eine Weile in einem Jachtklub in New Haven an, in der Hoffnung, einen Blick auf Taft zu erhaschen, und genoss den leichten Zugang zu dem geschmuggelten Schnaps, der durch die Stadt floss. Doch schon nach ein paar sonnigen Tagen des Herumlungerns wurde er wieder unruhig.

Er setzte die Segel, fuhr in Richtung Bronx und ankerte vor der Küste von City Island. Zu dieser Zeit war City Island eine abgeschiedene Seefahrergemeinde, in der Fischer und Segelmacher unter sich blieben.

Kapitän O'Learys mürrische Haltung wurde zwar zur Kenntnis genommen, war aber unter reisenden Seeleuten kaum ungewöhnlich. Und da er nur an Land kam, um Vorräte aufzunehmen, wäre er wahrscheinlich völlig unbemerkt geblieben, wenn er bei seinem neuesten mörderischen Plan nicht so effizient gewesen wäre.

Er fuhr nach Manhattan und suchte in den Kneipen und auf den Straßen nach Matrosen, die Arbeit suchten, um die Zeit bis zum Dienst zu überbrücken. Der Standort seines Schiffes war der listigste Teil seines Plans, den Carl sich für sie ausgedacht hatte. Da es so weit entfernt anlag, mussten die Seeleute all ihre weltlichen Besitztümer aus den provisorischen Unterkünften holen, in denen sie untergebracht waren, oder riskieren, dass sie von jemandem gestohlen wurden, während sie mit ihm segelten.

Für die meisten dieser Männer war der erste Tag als Besatzung von ‚Kapitän O'Leary' der einfachste Arbeitstag in ihrem Leben. Er war durchaus in der Lage, das Schiff selbst zu steuern, zog es aber vor, jemanden dabei zu haben, mit dem er im Laufe des Tages etwas trinken und sich unterhalten konnte. Bei Einbruch der Dunkelheit warf er beim Leuchtturm von Long Island Sound den Anker und bereitete für die beiden eine herzhafte Mahlzeit zu, zu der in der Regel eine Extraportion Wein und Schnaps gehörte. Völlig betrunken und unfähig, mit dem äußerst trinkfesten Panzram mitzuhalten, bekamen sie kaum mit, was geschah, als er sie entkleidete, umdrehte und zum Nachtisch vergewaltigte. Einige der Männer hatten noch die Kraft zu schreien, aber draußen auf dem Meer war niemand, der sie hören konnte.

Nachdem Carl sein Vergnügen an den betrunkenen Matrosen beendet und ihre Sachen unter Deck gebracht hatte, war das nächste Geräusch, das von der Akista ertönte, das scharfe Schnappen einer Pistole vom Kaliber .45. Tafts Pistole. Als Nächstes band Carl einen Stein an den Fuß der nackten Leiche, warf sie über Bord und nahm Kurs zurück auf City Island, wo das Ganze wieder von vorne begann. In den drei heißesten Wochen des Sommers fuhr er zwischen Manhattan und Long Island Sound hin und her, raubte, vergewaltigte und tötete. Immer wieder. Am Ende hatte er zehn Seeleute vor der Insel versenkt.

Irgendwann bemerkten die Einwohner von City Island, dass O'Learys Besatzung ständig wechselte und dass sich auf seinem Schiff Besitztümer türmten, für deren Menge er keine gute Erklärung hatte. Niemand sprach ihn an, aber er wurde sich allmählich der Augen bewusst, die ihn jedes Mal beobachteten, wenn er an Land kam, und beschloss, dass die Zeit gekommen war, weiterzuziehen.

Obwohl er seinen Liegeplatz aufgeben musste, war er noch nicht bereit, seinen neuesten mörderischen Plan aufzugeben. Als er dieses Mal an Manhattan vorbeikam, holte er zwei neue Matrosen für sein Schiff. Sie waren nicht so hübsch wie seine früheren Errungenschaften, aber was ihnen an Charme fehlte, machten sie durch ihre Bereitschaft wett, auf Carls Befehl hin das Gesetz zu brechen. Während seiner Kindheit hatte Carl nicht nur Geschichten über Cowboys verschlungen, sondern auch jene über Piraten, die ein weiteres Ideal romantischer Gesetzloser waren, dem er sehr zugetan war. Während sie die Küste von New Jersey hinunter segelten, raubten Carl und seine Mannschaft jede Jacht aus, die ihren Weg kreuzte, und häuften einen Hort von Beute an, auf den jeder Seeräuber in Carls Geschichten stolz gewesen wäre. Mit der Beute und dem Alkohol ging er leichtfertig um und versprach den Männern einen weitaus größeren Anteil, als man für ihren relativ geringen Beitrag zu den Verbrechen erwarten konnte.

Anfangs hielten sie ihn vielleicht für einen Dummkopf, aber nachdem sie sein kaltblütiges Verhalten bei ihren Überfällen beobachtet hatten, wurde den Seeleuten allmählich klar, dass Carl schlauer und bösartiger war, als er aussah. Ihr endgültiges Ziel war Long Beach Island, etwas nördlich von Atlantic City. Dort angekommen, wollte Carl seine beiden Komplizen wie all ihre Vorgänger vergewaltigen und ermorden und ihre Leichen über Bord werfen, bevor er die Ostküste weiter hinunterfuhr und niemand Verdacht schöpfte.

Als die Lichter von Atlantic City am Horizont auftauchten, war es August 1920, und die sommerliche Hitze wich allmählich einem turbulenten Wetter, da der Luftdruck sank. Für einen Autodidakten war Carl ein passabler Seemann, aber er besaß nicht die Fähigkeiten, um durch die Stürme zu navigieren, mit denen sie nun konfrontiert waren. Ein gewaltiger Sturm fegte vom Atlantik heran und schlug die Akista gegen einige versteckte Felsen. Der Rumpf gab unter dem Druck nach und die gesamte Beute, die sich auf den unteren Decks befand, wurde in einem Augenblick weggespült. Von einem Moment auf den anderen war Carl nicht mehr ganz oben, sondern wurde in das kalte, dunkle Wasser gezogen, während sein Schiff – sein ganzer Stolz – auf den Meeresgrund sank.

Es überrascht kaum, dass Carl diese Tortur überlebte. Er war ein kräftiger Mann in seinen besten Jahren und ein guter Schwimmer. Überraschend ist eher, dass auch die beiden Matrosen, die er an Bord gebracht hatte, überlebten. Sie landeten am Strand der kleinen Bucht von Brigantine und verschwanden in den Wäldern von Jersey, bevor Carl sie einholen konnte. Es ist unklar, ob sie einfach nur Glück hatten oder ob sie das Schicksal, das ihnen bevorstand, ahnten und aktiv etwas unternahmen, um ihm zu entkommen. Tatsache ist jedoch, dass diese beiden Männer die einzigen Opfer sind, die Carl Panzram zum Tode verurteilt hatte und es überlebten.

Und es bedurfte eines Aktes Gottes, um sie aus seinen Fängen zu befreien.

Carl war zwar verbittert über den Verlust seines Bootes und all seiner wertvollen Güter, aber wirklich wütend war er angesichts des Verlusts von Tafts Pistole. Geld war in seiner Weltanschauung flüchtig, etwas, das ihm stets schnell durch die Finger glitt, aber Rache blieb für immer, wenn man sie einmal hegte. Sein Rachefeldzug gegen Taft würde sich über Jahre hinziehen und mit jedem Tag würden mehr Morde der Pistole des Ex-Präsidenten zugeschrieben. Das sollte nicht durch eine Windböe und einen Regenschauer unterbrochen werden. Carl ärgerte sich über die Ungerechtigkeit des Ganzen, aber gegen die Natur war selbst er machtlos.

Ein normaler Mann

Da er seine Wut auf nichts richten konnte, kehrte Carl zu seinen alten brutalen Gewohnheiten zurück: Er fuhr in Zügen mit und vergewaltigte jeden Mann, den er in die Finger bekam. Doch das reichte ihm nicht mehr. Der Rausch, den er früher beim Schikanieren und Belästigen von Männern empfunden hatte, war im Vergleich zu dem scharfen Ruck ekstatischer Freude verblasst, den das Töten bei ihm auslöste. Selbst die süßesten Vergnügungen, die er bisher gekannt hatte, verblichen angesichts des Mordes.
So verwundert es nicht, dass er schon bald wieder die Aufmerksamkeit der Polizei auf sich zog. Mit dem Gedanken, den großen Erfolg seines Einbruchs in Tafts Villa zu wiederholen, bei dem er genug Geld für den Kauf einer Jacht erbeutet hatte, kehrte er Anfang 1921 in die wohlhabende Universitätsstadt New Haven zurück und raubte einige kleine Villen aus, bevor er sich für ein großes Anwesen als Ziel entschied. Doch dort stieß er nahezu umgehend auf Probleme: Die Familie, die in diesem Haus wohnte, war nicht nur anwesend, sondern auch noch wach, als er einbrach, und während sie sich von Carl und seiner neu erworbenen Pistole

leicht einschüchtern ließ, waren die Angestellten nicht so dumm. Ein kurzer Telefonanruf und schon wurde Carl von der örtlichen Polizei verhaftet und abtransportiert. Angeklagt wegen Besitz einer nicht zugelassenen Schusswaffe und Einbruchsdiebstahl, hätte Carl eigentlich viele Jahre im Gefängnis verbringen müssen, aber weil er der Polizei in Bridgeport einen falschen Namen genannt hatte, wurde dies als sein erstes Vergehen behandelt und er erhielt nur eine Strafe von sechs Monaten.

Wieder einmal war Carl in einem Gefängnis eingesperrt, dessen Leitung keine Ahnung hatte, welchen Ärger man sich gerade selbst eingebrockt hatte. Wenn Carl in der Welt da draußen einen Mann vergewaltigte oder ausraubte, musste er mit Konsequenzen rechnen, aber niemand kümmerte sich darum, wenn solche Dinge einem Gefangenen widerfuhren. Dort gab es sogar eine stillschweigende Zustimmung zu jeder Folter, die Carl anderen zufügte. Für Panzram war dieser Aufenthalt also eher ein Urlaub, eine Gelegenheit, nach dem Schiffbruch wieder zu Kräften und zur Ruhe zu kommen. Der Freiheitsentzug tat ihm gut – er half ihm, sein Gleichgewicht wiederzufinden, anstatt immer mehr in selbstzerstörerisches Verhalten abzugleiten. Als er das Gefängnis im Herbst verließ, benahm er sich nicht mehr wie eine gefräßige Bestie, sondern wie der kalte, berechnende Killer, zu dem er geworden war. Also beschloss er, dass es wieder an der Zeit sei, sich eine Beschäftigung zu suchen, die seinen Talenten entsprach.

Der Ozean rief immer noch nach Carl, aber nun wusste er um die Gefahren, in die ihn seine Unkenntnis der richtigen Seefahrt gebracht hatte. Es war reines Glück, dass er den Untergang der Akista überlebt hatte, was für einen Mann wie Carl, der alles kontrollieren wollte, unerträglich war. So machte er sich auf den Weg, auf die einzige Weise besser zu werden, die er kannte, und trat der Seemannsgewerkschaft bei.

Normalerweise hätte man dort nie einen Mann mit so wenig Erfahrung eingestellt, aber zu der Zeit gab es große Probleme mit den Arbeitgebern und es gab fast täglich Konflikte mit Streikbrechern und Scrabs. Carl war vielleicht noch kein guter Seemann, aber wenn er etwas konnte, dann war es kämpfen. Im Laufe eines Monats verfeinerte er unter der Anleitung der älteren Männer seine Fähigkeiten als Seemann und zahlte diese Ausbildung mit einem Vielfachen an Blutvergießen zurück. Wenn Carl sich Streikpostenketten näherte, verschwanden auf mysteriöse Weise die professionellen Schläger, die von den Reedereien eingesetzt worden waren, um die Gewerkschaftsmitglieder zu schikanieren. Wenn Scrabs versuchten, die Streikpostenkette zu durchbrechen, landeten sie mit gebrochenen Knochen im Hafenbecken oder erlebten noch Schlimmeres, wenn es Carl gelang, sie in eine Gasse am Hafen zu zerren. Carl war zwar eine enorme Bereicherung für die Gewerkschaft, aber unfähig, klein beizugeben.

Als die Blacklegs von Handgreiflichkeiten auf das Tragen von Waffen umschwenkten, tat Carl es ihnen gleich, und als sie erneut auftauchten, gab Carl ihnen keine Gelegenheit, die Waffen zu benutzen. Er eröffnete das Feuer auf die Streikbrecher, noch bevor sie sich der Streikpostenkette nähern konnten. Es kam zu einem Schusswechsel zwischen den beiden Gruppen, in dessen Verlauf die Polizei eintraf. Sie stellten sich sofort auf die Seite der Unternehmer, da sie dies als Gelegenheit sahen, die Belästigung durch die Streikenden in ihren Docks zu beenden, und während der Rest der

Gewerkschaft bereit war, sich dem Gesetz zu beugen, war Carl es nicht. Er feuerte auf die Polizisten genauso bereitwillig wie auf die Blacklegs. Die Schießerei wurde sogar noch heftiger, da die Gewerkschaft nun erkannte, dass sie um ihr eigenes Überleben und nicht nur um den Sieg in dem Konflikt kämpfte. Schließlich gingen Carl und den wenigen anderen Schützen auf der Streikpostenkette die Munition aus und sie wurden von der Polizei, die ihnen zahlenmäßig überlegen war, niedergeschlagen.

Als alles vorbei war, konnte niemand mit Sicherheit sagen, wer die Schießerei angezettelt hatte. Die Anwälte der Gewerkschaft sorgten dafür, dass jeder, der in Gewahrsam genommen wurde, diese Beteuerung der Unwissenheit wiederholte. Die Polizei ihrerseits sah sich einer eingehenden Prüfung ausgesetzt, weil sie sich in den Kampf eingemischt hatte und nun seitens der Großindustrie mit Korruptions- und Bestechungsvorwürfen konfrontiert wurde. Schließlich wurden alle Gewerkschaftsmitglieder gegen eine Kaution freigelassen, die von der Gewerkschaft selbst gezahlt wurde.

Carl hatte sich durch seine zentrale Rolle in den Gewerkschaftskonflikten zur Zielscheibe gemacht und es dauerte nicht lange, bis Nachrichten über seine Taten zu den ermittelnden Beamten durchdrangen. Zwar konnten einige der Gewerkschafter wegen ihrer Beteiligung an den Auseinandersetzungen mit der Polizei angeklagt werden, doch die Ermittlungen konzentrierten sich bald auf Carl Panzram und seine zahlreichen Pseudonyme, Gefängnisausbrüche und ausstehenden Haftbefehle. Als sie nur einen Bruchteil des gesamten Falles gegen Carl in der Hand hatten, durchkämmte die Polizei die Docks auf der Suche nach ihm, um ihn ins Gefängnis zu bringen und seinen noch ausstehenden Strafen so viele weitere Jahre hinzuzufügen, dass er nie wieder das Tageslicht sehen würde. Doch es gab keine Spur von ihm. Sie schickten seine Beschreibung an alle Polizeidienststellen des Landes, aber seit seiner Freilassung auf Kaution hatte ihn niemand mehr gesehen. Selbst die Befragung der Gewerkschaftsmitglieder, die ihm möglicherweise Unterschlupf gewährten, brachte keine Hinweise. Schließlich begannen sie in ihrer Verzweiflung, die Aufzeichnungen aller Schiffe, die die USA verließen, nach einem der Decknamen zu durchsuchen, die Carl im Laufe der Jahre benutzt hatte, aber der Mann schien einfach verschwunden zu sein.

Mit wenig Geld, aber viel Not, hatte Carl genau das Gleiche getan wie immer, um schnell aus der Stadt zu kommen – er war als blinder Passagier gereist. Das Schiff, auf das er sich geschlichen hatte, war zu einem Ort unterwegs, der weit außerhalb der Reichweite des amerikanischen Gesetzes lag: Portugiesisch-Angola an der Westküste Afrikas. Nach einigen Tagen, in denen er sich im Laderaum des Schiffes versteckt hielt und versuchte, nicht entdeckt zu werden, wurde es Carl zu langweilig und er offenbarte sich der Besatzung. Der Kapitän war anfangs wütend darüber, dass sich ein Mann auf seinem Schiff versteckt hatte, aber es dauerte nicht lange, bis Carl die Fähigkeiten, die er auf der Akista und bei der Gewerkschaft gelernt hatte, in die Tat umsetzte und sich den widerwilligen Respekt der Besatzung erwarb.

Es war eine lange Reise mit wenigen Zwischenstopps, aber als sie ihren ersten Halt in Portugal erreichten, um ihre Vorräte aufzufüllen, war klar, dass sie Carl nicht ausliefern würden. Schließlich leistete er als Gegenleistung für seine Überfahrt die Arbeit von zwei Männern. Als die afrikanische Küste in

Sichtweite kam, bat der Kapitän Carl praktisch darum, als ständiges Mitglied der Besatzung zu bleiben. Schließlich war das Meer ein guter Ort für einen Mann mit einem schlechten Ruf oder einer dunklen Vergangenheit, um verloren zu gehen und vergessen zu werden. Doch Carl lehnte höflich ab. Das Maß an Disziplin und harter Arbeit, das auf einem Schiff erforderlich war, erinnerte ihn zu sehr an das Leben im Gefängnis. Er wollte durch die Welt streifen und nach Belieben Böses tun, ohne jemandem Rechenschaft schuldig zu sein. Er schüttelte die Hand des Kapitäns und betrat die Docks, wo er zum ersten Mal in seinem Leben von der ständigen Gefahr einer Verhaftung befreit war.

Angola war der perfekte Ort für Carl, ein Ort, an dem ein Menschenleben nichts wert war, zumindest nicht für die weißen Kolonialherren, die die einheimische Bevölkerung kaum besser als Tiere behandelten. Geschützt durch seine Hautfarbe streifte Carl wochenlang durch Angola, ohne eine Strafe für seine Taten befürchten zu müssen. Die paar Dollar, mit denen er Amerika verlassen hatte, waren hier unendlich viel mehr wert als zu Hause und er konnte für ein paar Cent am Tag bequem leben. Dennoch gab es dunklen und grausamen Luxus, den man hier offen kaufen konnte und der nur knapp außerhalb seiner Preisklasse lag – und genau danach sehnte Carl sich. Da die einheimische Bevölkerung so mittellos und die weißen Siedler für den Fall eines Aufstands sehr gut bewacht waren, kam Stehlen zur Finanzierung seines Lebensstils nicht infrage. Also musste Carl wieder einmal arbeiten.

Die Sinclair Oil Company, eines der wenigen amerikanischen Unternehmen, die in Angola Fuß gefasst hatten, erkundete im Rahmen einer Expedition die dortigen Ölvorkommen.

Amerikas Ölbedarf stieg im Laufe der Jahre exponentiell an und auf den texanischen Feldern war so viel Geld verdient worden, dass inzwischen alle ein Stück von diesem Kuchen haben wollten. In den USA brauchte das Unternehmen keine neuen Mitarbeiter aktiv zu rekrutieren, da es sich die besten Männer aussuchen konnte, aber hier in Angola musste es um seine Belegschaft kämpfen. Das lag nicht nur an den hohen moralischen Anforderungen der Arbeit. Die Arbeit auf den Feldern von Angola war selbst nach damaligen Maßstäben so gefährlich, dass das Unternehmen nicht wirklich bereit war, dieses Risiko einem Weißen zuzumuten.

Die Ölleute waren kaum mehr als verherrlichte Sklaventreiber für die örtlichen Arbeiter geworden. Carl machte sich mit einem Eifer an die Arbeit, der selbst seine Arbeitgeber ein wenig beunruhigte. Er behandelte die Einheimischen mit Vergnügen wie Dreck und trieb sein kleines Team härter an, als es die anderen Ölarbeiter je getan hätten. Was ihm an Wissen über diese Arbeit fehlte, machte er durch enthusiastische Grausamkeit mehr als wett. Die Fördermenge seiner Anlage übertraf alle Erwartungen und Carl wurde für seine Bemühungen reichlich belohnt.

In Afrika hatte er das Gefühl, neu anfangen zu können. Hier hatte er ein ganz neues Leben, ein Leben, das nicht so sehr aus dem Rahmen fiel, dass jeder Landsmann die Augenbrauen hochziehen würde. Sein Sadismus wurde nicht nur auf finanzieller Ebene belohnt, sondern auch durch die brennende Befriedigung, die es ihm gewöhnlich verschaffte. Er war überzeugt, dass er in Angola ein normaler Mensch sein konnte, aber um diese Normalität zu erreichen, musste er einen seiner größten Widerwillen überwinden. Also wandte er sich in der Küstenstadt Luanda, in der Nähe der Bohrstelle, an eine einheimische Familie mit zwei Töchtern und fragte sie mithilfe eines Übersetzers des Unternehmens nach dem Preis für die ältere der beiden Töchter, ein achtjähriges Mädchen. Nach einigem Gefeilsche einigte man sich auf sechs Dollar. Carl bestand darauf, dass ihre Abmachung davon abhing, dass das kleine Mädchen noch Jungfrau war. Wenn sie keine Jungfrau mehr wäre, hätte er keine Verwendung für sie. Der Vater versprach, dass noch kein Mann sie berührt habe, aber Carl blieb misstrauisch.

Die Firma hatte Carl eine geräumige Hütte am Rande des Lagers zur Verfügung gestellt und dorthin brachte er das kleine Mädchen an jenem Abend. Er wollte Sex mit ihm haben, um zu beweisen, dass er ein richtiger Mann sein konnte. Er konnte einfach nicht verstehen, warum sein Körper nicht auf die Forderungen seines Verstandes reagierte, wo er doch normalerweise keine Probleme hatte, auf Knopfdruck sexuell zu reagieren.

Da er sich nicht mit der Tatsache abfinden konnte, dass er sich nicht zu Frauen oder Mädchen hingezogen fühlte, schob er als Grund die Angst vor Ansteckung vor. Nun würde er sich selbst beweisen müssen, dass dieses Kind noch Jungfrau war, bevor er mit ihm Sex hatte. Die gründliche Untersuchung, die er durchführte, dauerte die ganze Nacht hindurch, und die erstickten Schreie des Kindes hallten durch das Lager und rüttelten alle anderen Männer der Sinclair Oil Company wach, sodass sie sich fragten, was für eine neue Hölle Angola ihnen da vor die Nase gesetzt hatte. Am nächsten Morgen tauchte Carl mit dem achtjährigen Kind an der Hand auf und starrte jeden Mann finster an, der es wagte, auch nur in seine Richtung zu schauen. Er marschierte zurück nach Luanda und verlangte die andere Tochter im Tausch gegen diese. Diese hier habe seine Anforderungen nicht erfüllt und er vermute, dass sie bereits Sex gehabt hatte. Da sie keine andere Wahl hatten, übergaben die Eltern ihr sechsjähriges Kind und nahmen ihre zerstörte ältere Tochter mit ins Haus, um auf einen Arzt zu warten, der sie wieder zusammennähen sollte.

Carl wurde zwar mit dem kleinen Mädchen im Schlepptau gesehen, als er wieder im Lager ankam, aber keiner seiner Kollegen wagte es, ihn zur Rede zu stellen. Sein Kommen und Gehen war zwar seinem Vorgesetzten gemeldet worden, aber die Firmenleitung meinte, solange er keine Weißen vergewaltigte oder ermordete, sei es ihnen egal. Das Lager richtete sich auf eine weitere schlaflose Nacht ein. Alle Ohren waren auf den Beginn des Geschreis gerichtet, aber es kam nicht.

In seiner Hütte und mit dem verängstigten kleinen Mädchen, das nackt auf seinem Bett lag, war Carl schließlich gezwungen, sich der Wahrheit über sich selbst zu stellen. So gern er auch so tun würde, als wäre er wie alle anderen Männer, die für Sinclair arbeiteten, so war er doch von Grund auf anders. Es war alles nur eine Scharade und sein Desinteresse am anderen Geschlecht machte ihn in seiner eigenen Vorstellung zu einem Monster. Er war nicht in der Lage, die ‚normalen' Vergnügungen zu erleben, die Männer mit Frauen hatten, sondern wurde nur durch den Gedanken an Gewalt, Brandstiftung und Sodomie erregt. Er zog das kleine Mädchen wieder an und brachte es nach Hause zu seinen Eltern. Als er mitten in der Nacht an ihrer Tür hämmerte, rechneten sie mit Carls nächsten schrecklichen Forderungen, aber stattdessen wurde ihnen ihre Tochter wieder in die Arme gedrückt und der schreckliche Riese von einem Mann stürmte zurück in die Dunkelheit, ohne auch nur eine Rückzahlung zu verlangen.

Für Carl war es die Investition wert gewesen, die Wahrheit über sich selbst zu erfahren, dass er selbst dann kein Verlangen nach einer Frau hatte, wenn sie jungfräulich war und sich ihm nicht widersetzen konnte.

In den folgenden Tagen suchte Carl Trost im Whiskey, hing in der für die weißen Angestellten eingerichteten Freiluftkantine herum und frönte bis in die frühen Morgenstunden seiner ersten wahren Liebe. Das reguläre Personal ging um Mitternacht, aber der junge Sohn eines Ölarbeiters hatte einen Teilzeitjob als Kellner ergattert und Carls Trinkgeld war so großzügig, dass es sich für ihn lohnte, noch zu bleiben, nachdem alle anderen in ihre Betten gegangen waren, um Carl auf dessen Wunsch hin nachzuschenken. Carl war unausstehlich zu dem Jungen und behandelte ihn wie einen Wilden, der kaum mehr Intelligenz besaß als ein Lasttier, aber darin unterschied er sich nicht wesentlich von den anderen weißen Männern, die der Junge bereits kennengelernt hatte, also nahm er es nicht persönlich. Trotz der Tatsache, dass Carl so herablassend mit ihm sprach, war er immer noch wesentlich höflicher als viele der Männer im Lager – Männer, die nicht so leicht in die von ihnen geforderte Wildheit hinein- und wieder herausschlüpfen konnten und ihre emotionalen Mauern stets aufrecht erhalten mussten.

Je mehr Zeit sie miteinander verbrachten, desto unförmlicher wurde die Situation und schließlich saß der Junge bei mehr als einer Gelegenheit mit Carl zusammen und trank mit ihm. Der Junge hatte das Gefühl, dass er gleichberechtigt behandelt wurde und dass Carls ‚erzieherische Reden' eigentlich dazu dienen sollten, sein Englisch und seine Fähigkeit zu verbessern, sich mit den anderen weißen Männern zu unterhalten. Als Carl anfing, über die alten

Griechen zu sprechen, dachte der Junge, es handele sich nur um eine weitere Geschichtsstunde, eine weitere Reihe von Hinweisen, die ihm helfen könnten, sich in den mit Redewendungen gespickten Unterhaltungen der Englischsprachigen zurechtzufinden. Doch das war nicht die Lektion, die Carl an diesem Abend vermitteln wollte. Er hatte eine eher körperliche Ausbildung im Sinn.

Der Junge nahm seine Lektion in Sachen Homosexualität nicht gut auf und so blieb Carl keine andere Wahl, als ihn gegen seinen Willen zu dieser ersten Unterrichtsstunde zu zwingen. Es war nicht mehr oder weniger brutal als alle anderen Vergewaltigungen, die Carl in Amerika begangen hatte, aber es war die Erste in einem Land, in der man sich wegen Homosexualität nicht schämte. Der Junge gab nicht sich selbst die Schuld an dem Übergriff und glaubte auch nicht, dass er dadurch kein richtiger Mann mehr sei, und hatte somit auch kein Problem damit, Carls schreckliche Taten seinem Vorgesetzten zu melden. Dieser befand sich nun in einer misslichen Lage. Letztendlich scherte er sich einen Dreck um einen Kellner oder dessen Vater in seinem Team. Das einzige, woran es der Sinclair Oil Company nicht mangelte, waren schwarze Körper, die sie ausbeuten konnte. Aber die Perversion, die Carls Handeln zugrunde lag, könnte zu Problemen führen. Wenn der Junge bereit war, sich an eine Autoritätsperson zu wenden, würde sich diese Geschichte wie ein Lauffeuer verbreiten. Als Nächstes würden die Amerikaner kommen und sich darüber beschweren und dann müsste er sämtliche Arbeitspläne umstellen, damit Carl nicht in die Nähe der Männer kam, die ihn wegen seiner Andersartigkeit hassten. Normalerweise hätte er sich nicht die Mühe gemacht, einen Abweichler vor seiner wohlverdienten Tracht Prügel zu bewahren, aber in Carls Fall musste er es zum Schutz der übrigen Belegschaft tun. Was auch immer Carl sonst noch sein mochte, es gab keinen Zweifel daran, dass er gefährlich war. Und diese Art von Ärger brauchte Carls Vorgesetzter nun wirklich nicht in seinem Leben. Carls Entlassung wäre die Möglichkeit, die langfristig am wenigsten Probleme mit sich brachte. Ja, es wäre fast eine Wohltat, ihn aus dem Camp zu jagen, bevor sich die Geschichte verbreitete und seinen Ruf endgültig ruinierte.

Unnötig zu erwähnen, dass Carl die Dinge anders sah. Nachdem sein Chef ihn vor seiner ersten Schicht ins Büro gerufen hatte, um ihn zurechtzuweisen, saß er ruhig da und ließ die Anschuldigungen über sich ergehen. Als alles gesagt war, erhob er sich von seinem Stuhl und schlug dem Mann ins Gesicht. Sein Vorgesetzter war kein schwacher Mann. Er hatte sich in den USA auf die harte Tour in der Ölindustrie hochgearbeitet, aber Carls roher Wildheit und seinem Zorn war er nicht gewachsen. Carl schlug immer wieder auf ihn ein, bis der Mann keine Kraft mehr hatte, um aufzustehen. Dann packte Carl seinen Stuhl und schlug damit auf ihn ein. Als Carl seine Sachen gepackt hatte und aus dem Lager stürmte, lag sein ehemaliger Arbeitgeber bereits im Koma.

Zunächst kehrte er nach Luanda zurück, um die unmittelbaren Folgen seines jüngsten Verbrechens abzuwarten. In Angola gab es keine Polizei – oder zumindest keine Polizei, die es gewagt hätte, einen Amerikaner zu verhaften. Das bedeutete, dass die Firma Sinclair selbst das Gesetz war, das auch sehr gut funktionierte – solange kein Mann wie Carl ins Spiel kam. Aus offensichtlichen Gründen hatte Carl sein letztes Gehalt nicht bekommen und den Großteil des letzten Lohns hatte er bereits vertrunken. Er verbrachte eine einzige Nacht in einer der Bars von Luanda und brachte sich selbst an den Rand des Bankrotts. Da er in Angola keine wirklichen Aussichten mehr hatte, flüchtete er zum amerikanischen Konsulat und verlangte einen Platz auf einem Schiff in Richtung Heimat.

Der Konsul lehnte dies rundweg ab. Die Firma Sinclair hatte Geschichten über Carls Verbrechen in Umlauf gebracht, denen aber bereits Warnungen über einen gefährlichen Mann vorausgegangen waren, der in Amerika dem Zugriff des Gesetzes entgangen war. Nun kamen all seine Verbrechen ans Licht und verfolgten ihn, da die Polizei in New England seine Geschichte rekonstruiert und in einem ordentlichen Bündel an das Konsulat in Angola geliefert hatte, da sich inzwischen der Verdacht erhärtet hatte, dass er dort das Schiff verlassen hatte. Ohne die bewaffneten Wachen vor seiner Tür hätte der Konsul seine Worte wahrscheinlich sorgfältiger gewählt, aber so sprach er ganz offen. Er erklärte Carl, dass er ein Monster sei, dass Amerika ihn nicht zurückhaben wolle und dass es das Beste für alle wäre, wenn er in den tiefsten, dunkelsten Wald ginge, den er finden könne, und nie mehr zurückkäme, denn das Einzige, was ihn in Amerika erwarte, sei das Gefängnis oder der Strick, wenn es auf der Welt Gerechtigkeit gäbe.

Herz der Finsternis

Carl wurde auf die Straße geworfen und besaß nicht mehr als die Menschen in seiner Umgebung. Er war wegen seiner Brutalität und seiner Neigungen aus seiner Heimat verbannt worden und am anderen Ende der Welt gestrandet, ohne sich auf etwas Vertrautes stützen zu können. Also zog er sich nach Luanda zurück und lebte dort so vogelfrei wie während seiner Fahrten mit der Eisenbahn in der Heimat. Schon bald schlug er sein Lager in einem Park nahe der Ölfelder auf, wo er die wohlhabenden Amerikaner ausnehmen wollte, die er beim Handel mit den Einheimischen entdeckt hatte. Seine fast leere Kasse würde wieder gefüllt werden und er könnte sich an der Firma Sinclair dafür rächen, dass sie ihm in die Quere gekommen war. Wenn er die Möglichkeit hatte, einen der Männer zum Krüppel zu machen oder zu missbrauchen, die er einst als Kollegen bezeichnet hatte und die ihn all die langen Monate von oben herab behandelt hatten, umso besser.

Die Männer im Camp wussten, dass Carl irgendwo da draußen war, und obwohl es weder Ausgangssperren noch andere Vorschriften gab, verließen sie das Camp meist nur in

Gruppen und wenn sie notwendige Einkäufe erledigen mussten. Sie hatten bereits Angst vor einem Aufstand der Einheimischen. Carl war nur ein weiterer Punkt auf der langen Liste der Gefahren, mit denen die Ölleute, die die Kolonien besiedelten, konfrontiert waren.

So zogen sich die Tage in die Länge, ohne dass Carl Befriedigung fand, während er in der Sonne schwitzte und in der Nacht fror. Er lag gerade auf der Wiese, als einer der Jungen aus der Gegend ihn eines Morgens fand. Der Junge war kaum älter als zwölf und sprach kein Wort Englisch, war aber offensichtlich mit einem Auftrag zur Firma Sinclair geschickt worden und trat verwirrt auf Carl zu, weil er ihr Camp nicht finden konnte. Er führte das Kind auf einen Waldweg und wanderte eine Stunde lang in kameradschaftlichem Schweigen weiter, bis sie zu einem stillgelegten Steinbruch kamen, den die Firma Sinclair früher als Baumaterial für ihre Bohrtürme genutzt hatte.

Die Verwirrung des Jungen verwandelte sich schnell in blankes Entsetzen, als Carl ihm die Kleider vom Leib riss und ihn zu Boden warf. Als er in ihn eindrang, hallten die Schreie des Kindes durch den Steinbruch, aber es war niemand da, der ihn hören konnte. Als der Junge erkannte, dass es keine Hoffnung auf Rettung gab, versuchte er unter großen Schmerzen, Carl abzuwehren. Doch Carl ließ sich nicht so leicht davon abbringen – vor allem nicht, da er schon mitten in seiner Lieblingsbeschäftigung war. Er nahm den Kopf des Jungen in beide Hände und schlug ihn im Takt seiner Stöße gegen den Felsen, hämmerte den zerbrechlichen Schädel gegen den festen Stein unter ihm. Blut strömte aus den Ohren des Jungen, aber er zappelte und wehrte sich noch immer, sodass Carl ihn mit einer letzten monströsen

Kraftanstrengung erneut niederschlug, den Schädel des Kindes zerschmetterte und seinen Höhepunkt erreichte. Nachdem er einen Schritt zurückgetreten war und die Hose wieder hochgezogen hatte, sah Carl mit grimmiger Freude auf den kleinen toten Jungen herab. Gelatineartige Gehirnklumpen quollen inmitten der Blutspur aus den Ohren und breiteten sich auf dem Stein aus.

Trotz seiner Beteuerungen, ein kaltes und hartes Monster zu sein, schien Carl jedes Mal sehr zu leiden, wenn er kritisiert wurde. Gewalttätiges Handeln war dann stets seine unmittelbare Lösung, um die Kontrolle zurückzuerlangen. War dies jedoch keine Option – wie etwa beim Angriff des Konsuls –, war er zutiefst erschüttert und wirkte erstaunlich eingeschüchtert, wenn er mit einer Autoritätsperson konfrontiert wurde, der er nicht sofort die Schuld an all seinen Missständen geben oder ins Gesicht schlagen konnte. Sein nihilistisches Weltbild schien jedes Mal zu zerbrechen, wenn er mit Trost, Freundlichkeit oder Normalität in Berührung kam. Jedes Mal, wenn er mit einem dieser emotionalen Konflikte konfrontiert wurde, brauchte es ein dramatisches Ereignis, um ihn daran zu erinnern, wer er zu sein behauptete. Und die Tötung des kleinen Jungen war der Auslöser, der das Monster, den ‚echten' rachsüchtigen Carl, wieder zum Leben erweckte.

Im Sinclair-Camp hatte man den Namen Carl Panzram schon fast vergessen. Sein Vorgesetzter stand zwar noch unter medizinischer Betreuung, war aber aus dem Koma erwacht, und die Männer waren größtenteils in ihre alten Gewohnheiten verfallen und konkurrierten miteinander um die Spitzenposition in der Produktion, da es keinen unschlagbaren Anführer mehr gab. Nach einem langen

Arbeitstag waren die Einheimischen nach Luanda zurückgekehrt, und die weißen Arbeiter hatten sich für die Nacht in ihre Hütten zurückgezogen, müde, aber zufrieden. Keiner von ihnen wusste, was vor sich ging, als der Alarm ausgelöst wurde oder als die Lagerwächter an ihre Türen klopften und um Hilfe schrien. Das ganze Camp wurde geweckt und alle starrten mit müden Augen in die stockdunkle angolanische Nacht, die nur vom Inferno am Horizont erhellt wurde. Einer der Bohrtürme stand in Flammen.

Kein Wunder, dass das ganze Lager in Aufruhr war. Sollte das Öl Feuer fangen, könnten sie sich von ihrem Lebensunterhalt und wahrscheinlich auch von ihrem Leben verabschieden. Noch während sie mit Wassereimern herbeieilten, um den Brand zu löschen, wurde eine Frage bereits lautstark diskutiert: Wie konnte das passieren? Niemand war so dumm, in der Nähe der Anlagen zu rauchen, und niemand würde sich mitten in der Nacht auf dem Feld aufhalten. Das ergab einfach keinen Sinn. Schließlich bildeten alle Männer aus dem Lager eine Eimerkette und brauchten drei Stunden, um den Brand zu bekämpfen. Dass das Feuer erloschen war, lag aber vor allem daran, dass es kein Holz mehr gab, um seine Flammen zu schüren. Als der Spuk vorbei war, bestand die ganze Plattform nur noch aus Asche. Ein Zehntel ihrer Produktion, verschwunden in einer Nacht.

Mit der Morgendämmerung kehrte auch die Frage zurück, die im Lager immer wieder gestellt wurde. Wenn es ein Problem mit den Pumpen gab, das einen solchen Brand verursachen konnte, waren sie alle in Gefahr. Wenn irgendein Idiot nachts rauchend auf dem Feld herumlief, musste er rausgeschmissen werden. Es wurde mit dem Finger in alle Richtungen gezeigt, nur nicht in die richtige.

Es war lange her, dass Carl einen rachsüchtigen Brandanschlag verübt hatte, aber wie das Fahrradfahren vergisst der Mensch nie, was er einmal gelernt hat. Allerdings hatte Carl seit der Zeit, in der er zum ersten Mal den Malsaal in Brand gesetzt hatte, einige Tricks gelernt. Er wusste nun zum Beispiel, dass man das Handwerkszeug entsorgen sollte, mit dem man den Brand ausgelöst hatte. Und er hatte gelernt, dass nach dem Löschen eines Feuers alle nach dem Schuldigen suchten und dass es in seinem eigenen Interesse war, in diesem Moment nicht in der Nähe zu sein.

Mit seinen schwindenden Ersparnissen floh Carl aus Luanda und reiste die Küste hinunter zum Fischerdorf Lobito Bay. Lobito Bay ließ Luanda kosmopolitisch erscheinen und erfüllte fast jedes rassistische Stereotyp, das über die ‚wilden' Afrikaner verbreitet worden war, bis hin zu den strohgedeckten Hütten. Hier stellte Carl fest, dass das wenige Geld, das er hatte, noch weiter reichte als im Norden, und faulenzte wochenlang in den luxuriösesten Unterkünften der Stadt und trank den vor Ort gebrannten Rum. Doch irgendwann war selbst Carls Durst nach Alkohol gestillt und er wurde wieder unruhig. In Lobito Bay gab es nur sehr wenig zu tun, aber einige Einheimische hatten einen kleinen Wirtschaftszweig entdeckt: Sie brachten europäische Jäger mit Kanus flussaufwärts ins Landesinnere, um Flusskrokodile zu jagen, von denen es hieß, sie wären so groß wie die Boote selbst. Normalerweise begleitete eine sechsköpfige Mannschaft ein Trio von Jägern auf einer dreitägigen Rundreise, aber Carl mietete diese sechs Einheimischen und ihr Boot mit seinem letzten Geld für sich allein.

Den ganzen Tag über arbeiteten die Männer gegen die Strömung, wiesen Carl auf die kleineren Krokodile hin, die zur Flussmündung schwammen, und versprachen ihm noch weitaus größere Tiere. Als die Nacht hereinbrach, zogen sie ihr Boot so weit wie möglich ins Landesinnere, wohl wissend, dass die Krokodile nachts aktiver wurden und sie bereits weit genug gefahren waren, um auf richtige Ungeheuer zu treffen. Als sie noch tiefer in das Dickicht vordrangen, entdeckten sie einen alten Lagerplatz und schichteten Holz für ein Feuer auf, das groß genug war, um die ganze Nacht zu überstehen. Alle sechs trugen ihre Gewehre stets bei sich. Sie waren ein gutes Stück vom Fluss entfernt, aber die Krokodile waren nicht die einzigen Raubtiere, die nachts durch den Wald streiften, und sie brauchten Schutz. Wenn sie nur gewusst hätten, dass das gefährlichste Raubtier des Dschungels unter ihnen wandelte. Nach einer mittelmäßigen Mahlzeit aus Fleischkonserven richteten sie sich für die Nacht ein, wobei die Männer abwechselnd Wache hielten, während die anderen schliefen. Doch dieselbe Unruhe, die Carl aus Lobito Bay getrieben hatte, brodelte immer noch in ihm. Er konnte nicht schlafen; er konnte kaum still liegen. Die Vorfreude auf das Morden war überwältigend. Der Wachmann versuchte, ihn aufzuhalten, als er das Lager verlassen wollte, und sein Englisch war nicht gut genug, um Carls Erklärungen zu verstehen, bis er anfing, ihm Zeichen zu geben. Als er begriff, dass Carl auf dem Weg zur Toilette war, begleitete er ihn widerwillig in den Wald, um auf ihn aufzupassen, während er sein Geschäft erledigte. Sie waren auch nach geraumer Zeit noch nicht zurückgekehrt, sodass bereits die nächste Wache aufgestanden war, als in der Ferne ein Schuss ertönte.

Dieses Geräusch war so vertraut, dass es nicht einmal den Rest der Jäger aus dem Schlaf weckte. Es wurden so oft Waffen abgefeuert, um ein Raubtier aufzuschrecken, dass sie überhaupt keinen Schlaf finden würden, wenn sie sich deswegen jedes Mal rührten. Sie schliefen weiter in der Gewissheit, dass sie von einem ihrer Freunde bewacht wurden. Als Carl allein zum Lager zurückkehrte, musste er sich erneut auf seine Mimik verlassen, um die nächste Wache wegzulocken. Er vergewaltigte den zweiten Mann genauso wie den ersten, den er über einen umgestürzten Baumstamm geworfen hatte und dessen Hilferufe von den Freunden in der Ferne nicht gehört werden konnten. Der Schrei des zweiten Mannes wurde noch lauter, als er die Leiche der letzten Wache ein paar Meter entfernt liegen sah, mit einem Einschussloch im Hinterkopf. Ein Vorzeichen für seine eigene Zukunft.

Einen nach dem anderen lockte Carl vom Lager weg, vergewaltigte sie, ermordete sie und raubte ihnen das Geld, das er ihnen tagsüber in die Tasche gesteckt hatte. Sechs Männer, einer nach dem anderen vergewaltigt und erschossen – und das in weniger als einer halben Stunde. Als Carl den letzten Mann holte, träumte der noch, ohne zu ahnen, dass der Tod grinsend über seiner schlafenden Gestalt schwebte. Carl vergewaltigte und ermordete den Mann direkt im Lager und begann dann mit der mühsamen Aufräumaktion.

Unten am Fluss entdeckte er dann die riesigen Krokodile, die ihm versprochen worden waren, aber während er seine Waffe bereithielt, schienen die Kreaturen eine Art Urverwandtschaft mit dem Mann zu spüren und belästigten ihn nicht im Geringsten. Wenn überhaupt, dann schienen die Krokodile Carl für die reichhaltige Mahlzeit dankbar zu sein, die er ihnen in sechs mundgerechten Stücken servierte.

Nachdem der letzte Führer verzehrt war, ließ die Ekstase, die Carl seit dem Aufstehen aus seinem Schlafsack in der Nacht zuvor begleitet hatte, unter einer Welle der Erschöpfung nach. Er schleppte das Boot zurück ins Wasser und ruderte mit der Strömung hinunter nach Lobito Bay. Er freute sich darauf, sein Leben in Ruhe fortzusetzen und einen Tag in der Sonne zu schlafen, um sich zu erholen.

Doch sein Aufenthalt in Lobito Bay sollte ein jähes Ende finden. Denn dort warteten viele Fragen auf ihn und die Einheimischen glaubten ihm nicht einen Moment, dass die Führer von Krokodilen angegriffen worden seien. Jeder hatte gesehen, wie er sie angeheuert hatte, jeder hatte gesehen, wie sie gemeinsam flussaufwärts gezogen waren, und jeder hatte gesehen, wie Carl ohne einen Kratzer flussabwärts zurückgekommen war, während die ausgebildeten und abgehärteten Jäger in der großen grünen Weite verschwunden waren.

Ihre Wut wuchs und Carl wurde in angemessenem Umfang beschuldigt. Doch obwohl alle wussten, was er getan hatte, konnten sie sich nicht dazu durchringen, etwas zu unternehmen. So böse Carl auch war und so schrecklich die Morde auch waren, sie waren nichts im Vergleich zu dem Elend, das über Lobito Bay hereinbrechen würde, wenn die Portugiesen herausfänden, dass dort ein Weißer getötet worden war. Das ganze Dorf wäre dem Erdboden gleichgemacht worden. Wieder einmal bewahrte das Glück Carl vor den Konsequenzen seines Handelns und er konnte sich davonschleichen.

Die nächsten Wochen lebte er im Freien, streifte durch die Wälder weiter oben an der Goldküste und raubte die Einheimischen aus, bevor er nach einigen Wochen wieder in

Angola auftauchte. Doch dieser Aufenthalt war nur von kurzer Dauer. Alle amerikanischen Schiffe, die in den Docks anlagen, waren vor ihm gewarnt worden. Sie hatten erfahren, dass er bevorzugt als blinder Passagier reiste, und wussten um die abscheuliche Natur seiner Verbrechen gegen seine Mitmenschen. Sie waren auf ihn vorbereitet, als er am Ufer entlang schlenderte und in der Dunkelheit der Nacht versuchte, an Bord zu klettern. Nachdem er einmal zu oft ins Wasser geworfen worden war, änderte Carl seine Taktik und ignorierte die Schiffe, die in Richtung Heimat fuhren, und suchte nach einem, das ihn irgendwo hinbringen würde. Und er hatte Glück. Es lagen weit mehr portugiesische als amerikanische Schiffe im Hafen und weder der Konsul noch die Firma Sinclair hatten die Möglichkeit in Erwägung gezogen, dass er in Etappen nach Hause reisen könnte.

Er schlich sich an Bord eines Schiffes nach Portugal und wiederholte das gleiche Verhaltensmuster, das ihn in Angola in Sicherheit gebracht hatte, indem er sich nach wenigen Tagen auf See der Besatzung zu erkennen gab und sich in der portugiesischen Konversation mit dem Kapitän gerade so weit durchwurschtelte, dass er sein Anliegen vortragen und seine Passage abarbeiten konnte.

Bei seiner Ankunft in Lissabon, Portugal, war er voller Tatendrang. Jeden neuen Ort, den er besuchte, betrachtete er als Neuanfang, und obwohl Portugal keine große Ähnlichkeit mit Amerika aufwies, gab es doch genug Vertrautes, sodass Carl schon bald Schnaps und ein paar Leute auftreiben konnte, die es wert waren, ausgeraubt zu werden. Die Alte Welt war kleiner, als Carl es gewohnt war. Während er in Amerika ein Verbrechen begehen und einen Zug über die Landesgrenze besteigen konnte, war die Polizei in Portugal bald hinter ihm her wie der Teufel hinter der armen Seele. Das einfache Leben, das er in Angola geführt hatte und wo er meistens für die Leute gearbeitet hatte, die vor Ort die Gesetze machten, hatte ihn aus der Übung gebracht. Eine Woche nach seiner Ankunft in Portugal tauchte er schließlich beim amerikanischen Konsulat auf und bat darum, nach Hause geschickt zu werden.

Selbst eine halbe Welt entfernt von dem Ort, an dem er zuletzt gesehen worden war, waren ihm die Geschichten über seine Verbrechen vorausgeeilt. Der portugiesische Konsul war zwar nicht so schroff wie sein Kollege in Angola, aber er hatte dennoch nicht die Absicht, Carl in irgendeiner Form zu helfen. Solange er sich außerhalb Amerikas aufhielt, war er das Problem eines anderen, und es bestand die vage Hoffnung, dass er sich so weit von den ausgetretenen Pfaden entfernen würde, dass er in einem flachen Grab in irgendeinem abgelegenen Winkel landen und die Welt für immer von dieser Bedrohung befreien würde. Carl ließ sich nicht beirren und tat sein Bestes, um als blinder Passagier auf einem amerikanischen Schiff unterzutauchen, musste aber bald feststellen, dass die Amerikaner wieder einmal vor seiner Anwesenheit gewarnt worden waren und die Schotten dichtmachten, sowohl im übertragenen als auch im wörtlichen Sinne. Also schlich er sich erneut an Bord eines Schiffes einer anderen Nation, in der Hoffnung, seine Heimreise in kleinen Sprüngen über den Atlantik fortsetzen zu können. Er ging an Bord eines britischen Marineschiffs mit dem Ziel Glasgow, Schottland, und wollte dasselbe Muster wiederholen, das ihn bisher sicher um die Welt gebracht hatte. Zu Carls Pech teilten die Briten nicht die gleichgültige Haltung gegenüber blinden Passagieren, die er bisher kennengelernt hatte. Er wurde entdeckt, bevor er die Gelegenheit hatte, sich zu offenbaren, am Großmast ausgepeitscht und in die Brigg gesperrt, bevor er überhaupt ein Wort sagen konnte. Den Rest der Reise verbrachte er angekettet in knarrender Dunkelheit, wo ihm nur Ratten als Nahrungsmittel blieben.

Bei seiner Ankunft in Großbritannien war seine Strafe noch nicht vorbei. Er sollte ein Jahr in einem Gefängnis in Glasgow verbringen, aber mit den Fähigkeiten, die er sich in seinen prägenden Jahren angeeignet hatte, gelang es Carl bald, in einem Wäschesack versteckt zu entkommen. Diesmal ging er anders vor und nannte jedem Kapitän, der auf dem Weg nach Amerika war, einen falschen Namen, erzählte aber von seinen wahren Erfahrungen als Seemann, von seiner eigenen Jacht, von seiner Ausbildung bei der Seemannsgewerkschaft und von seinen beiden Einsätzen auf Handelsschiffen auf dem Weg nach und aus Afrika. Auf den Docks gab es Männer mit mehr Erfahrung als Carl, die nach Arbeit suchten, aber es gab keine, die stärker aussahen oder bereit waren, nur für Kost und Logis zu arbeiten. So verließ er Großbritannien mit der nächsten Flut und beendete seine lange Odyssee in den Osten Amerikas noch vor Jahresende.

Die Jungs eines Sommers

1922 kehrte Carl just in dem Moment nach New York zurück, als der Sommer richtig heiß zu werden versprach, doch nach seinen Erfahrungen in Portugal wollte er keine weitere Saison im schwülen Elend einer Stadt verbringen. Er machte nur kurz halt, um die Papiere der Akista bei der Hafenbehörde abzuholen, ohne dabei zu erwähnen, dass sie derzeit irgendwo auf dem Meeresgrund lag. Dann inspizierte er die verschiedenen Docks auf der Suche nach einer Jacht, die der Akista so ähnlich sah, dass er sie ohne allzu große Schwierigkeiten umbauen und umlackieren konnte, damit sie so aussah, als wäre es sein Schiff. Er hatte seinen Traum nicht aufgegeben, über den Ozean zu segeln, ohne von jemandem festgehalten zu werden, und nun besaß er auch die Fähigkeiten, um ohne Angst vor dem Zorn der Natur zu segeln.

Nachdem er die Werften und Docks von New York erfolglos abgeklappert hatte, zog er weiter nach Norden. Die Hafenstadt Providence, Rhode Island, schien der ideale Ort zu sein, um ein Schiff wie die Akista zu finden, und Carl trieb sich fast eine Woche lang in den Docks herum, bevor er die Suche aufgab und die Boston Road weiterfuhr.

Während seiner langen Aufenthalte auf See war Carl sehr nachdenklich geworden. Er hatte erkannt, dass seine Laufbahn als Einbrecher im Vergleich zu seinen Talenten für andere Dinge wenig vielversprechend war. Vielmehr hatte das Gemetzel in Lobito Bay seinen Verdacht bestärkt, dass Morden im großen Stil seine Lebensaufgabe sei. Es war so einfach für ihn gewesen, sechs erwachsene, bewaffnete und abgebrühte Männer auszulöschen, dass sich seine Lebensperspektive völlig verändert hatte. Das Töten war seine Leidenschaft, seit er zum ersten Mal einem Menschen das Leben aus dem Leib geprügelt hatte, aber es war ihm nie in den Sinn gekommen, dass dies ein lukrativer Beruf sein könnte. Bis er in die Staaten zurückkehrte, wo die Prohibition in vollem Gange war und Mafiosi durch die Straßen stolzierten, als wären sie Filmstars.

Er erwarb eine großkalibrige Pistole der gleichen Marke, die er bei seinen Morden in Afrika benutzt hatte, und trug sie überall mit sich, nur um eine weitere Gelegenheit zu finden, sie zu benutzen. In Hartford, Connecticut, fand er das letzte Puzzlestück für seine neue Karriere als Auftragskiller: die Maxim Silent Firearms Company. Er wartete schweigend in den Büros, während die Arbeiten an seiner Waffe durchgeführt wurden, und ignorierte alle Versuche der Sekretärinnen oder des Verkaufspersonals, ihn in ein Gespräch zu verwickeln. Er bezahlte seine Rechnung und verließ die Stadt sofort in Richtung des nächstgelegenen ländlichen Gebiets, um seinen neuen Schalldämpfer auszuprobieren. Er funktionierte nicht. Oder besser gesagt, er funktionierte zwar, aber nicht annähernd gut genug für Carls

Geschmack. Ein Schalldämpfer konnte die Lautstärke einer Waffe so weit reduzieren, dass der Schuss nicht mehr in der Ferne zu hören war, aber es war noch kein Schalldämpfer erfunden worden, der das Abfeuern einer Waffe wie etwas anderes als das Abfeuern einer Waffe klingen ließ. Carl wurde wütend, weil er sich um seinen Traum betrogen fühlte, aber wieder einmal blieb ihm keine Wahl. Er warf die Waffe in einen Fluss, als sie sich als zu unhandlich erwies, um sie mit dem neuen Aufsatz richtig zu verstecken, und zog wieder die Küste hinauf.

In Boston selbst fand er kaum eine Jacht vor – die meisten Leute waren bereits auf der Suche nach einem angenehmeren Sommerklima in Richtung Süden gesegelt. Und von den wenigen Booten, die dort vor Anker lagen, hatte keines auch nur die geringste Ähnlichkeit mit seiner Akista. Mit wachsender Frustration fuhr er weiter zu der Küstenstadt, die angeblich mit einer anständigen Jachtflotte aufwarten konnte. Ihr Name weckte bei Carl Panzram dunkle Erinnerungen – Salem.

Es war der 18. Juli 1922, als Carl in die Stadt spazierte, ein wunderschöner, wolkenloser Tag, wobei eine leichte Meeresbrise dafür sorgte, dass sich alle wohlfühlten, während sie ihren Geschäften nachgingen. George Henry McMahon gehörte zu den Menschen, die ein bequemes Leben in einer sicheren Nachbarschaft führten, in der Kinder wie er sich frei und ohne Angst bewegen konnten. Er wohnte in der Boston Street, direkt an der Stelle, an der Carl die Stadt betrat, und war elf Jahre alt. Den Großteil des Tages verbrachte er im Restaurant in der Nachbarschaft, um sich vor der Sonne zu schützen, mit vorbeigehenden Freunden zu plaudern und im Austausch gegen eine Mahlzeit die eine oder andere Arbeit zu verrichten. Margaret Lyons, die Besitzerin des namenlosen Restaurants, war froh, den Jungen bei sich zu haben. Er wohnte zwei Häuser weiter und wurde in einer Zeit groß, in der ihre eigenen Kinder bereits erwachsen und weggezogen waren. Er war eine nette kleine Erinnerung an diesen Teil ihres Lebens und sie hatte so etwas wie eine Schwäche für ihn, auch wenn sie ihm das nie zeigte. Kurz nach vierzehn Uhr ging dem Restaurant die Milch aus, die sie kostenlos den zahlenden Kunden zur Verfügung stellte. George bekam 15 Cent und wurde zum Laden an der Ecke geschickt, um eine Flasche Milch zu holen.

George holte seinen kleinen Einkaufskorb aus der Garderobe, bevor er auf die Boston Street hinausging. Kaum war er ein paar Schritte die Straße hinunter gegangen, rief ihm eine Stimme zu: „Was hast du denn da?"

Er drehte sich um und bemerkte den ungewöhnlichen Fremden – einen riesigen Mann in einem blauen Anzug und mit einer Mütze. „Das ist mein Einkaufskorb, Mister. Ich hole Milch aus dem Laden."

„Dürfte ich dich begleiten? Ich kenne mich in der Stadt noch nicht aus."

Carl und der Junge schlenderten gemeinsam die Straße entlang und unterhielten sich. Carl erfuhr jede Einzelheit aus dem Leben des Jungen, die dieser in aller Eile ausplauderte, und er revanchierte sich mit ein paar kurzen Erzählungen über ferne Orte.

Der kleine Laden gehörte Georges Tante, was einer der Gründe dafür war, dass Mrs Lyons darauf vertraute, dass er sie nicht an der Nase herumführen würde, wenn sie ihn dorthin schickte. Georges Tante und ihr Angestellter begrüßten ihn und seinen Gast herzlich, als sie eintrafen. Carl plauderte eine Weile mit dem Angestellten, kaufte eine Cola und eine Zeitschrift für sich selbst und eine weitere Limonade, um sich bei dem Jungen für seine Hinweise zu bedanken.

Wieder draußen im Sonnenschein, genossen Carl und der Junge ihre Getränke und gaben dann die Pfandflaschen zurück. Sie wollten sich gerade trennen, als Carl George am Arm packte und sagte: „Wie wär's, wenn du dir 50 Cent verdienen würdest?"

Ein halber Dollar war damals sehr viel für einen Elfjährigen und der Lohn für so manche Arbeit, die Erwachsene verrichteten. Er hatte einige Bedenken, seine Aufgabe des Milchholens nicht gänzlich zu erfüllen, aber mit 50 Cent könnte er noch mehr Milch kaufen. Also nickte er und Carl schritt so schnell los, dass George sich beeilen musste, um ihn einzuholen.

Damals verkehrte eine Straßenbahn durch Salem, in die Carl bereits eingestiegen war und den Fahrpreis bezahlt hatte, bevor George überhaupt etwas sagen konnte. Bisher hatte er ein behütetes Leben geführt, und das Ganze erschien dem Jungen eher wie ein großes Abenteuer als eine Quelle der Beunruhigung. Er hielt sich an Carls Ärmel fest und sah zu, wie die Stadt, die er so gut kannte, an ihnen vorbeizog.

Carl wollte ihm nicht sagen, wohin sie fuhren, aber sein heiterer Ton ließ George glauben, dass es bei der Geheimniskrämerei nicht um etwas Unheimliches ging, sondern eher darum, die Überraschung nicht zu verderben. Etwa anderthalb Kilometer von der Stelle entfernt, an der sie eingestiegen waren, verließen sie die Straßenbahn in einem verlassenen Stadtteil. Vielleicht ahnte George in diesem Moment, dass die Dinge aus dem Ruder liefen, aber das glitzernde Versprechen von 50 Cent spukte noch immer in

seinem Kopf herum. Die Straßenbahn fuhr ab und er spürte wieder den beruhigenden Griff von Carls Hand auf seinem Arm. „Ich werde dich umbringen. Ich werde dich vergewaltigen, bis du stirbst. Ich werde dir den Schädel einschlagen, bis dein Gehirn aus den Ohren austritt. Verstehst du mich?"
George verstand ihn nicht. Diese Dinge lagen so weit außerhalb der Welt, die er kannte, dass Carl eine fremde Sprache zu sprechen schien. Er verstand nichts, was geschah, als Carl ihn von der Straße zerrte. Er verstand nichts, als Carl ihm die Kleider vom Leib riss und ihm ins Gesicht schlug, während er versuchte, sich gegen die riesigen Hände zu wehren. Erst als Carl ihn auf den Boden drückte und in ihn eindrang, verstand George endlich, was vor sich ging, und selbst da verstand er nur das Vordergründigste. Was er erlebte, war Schmerz. Schmerz ohne Pause und ohne Ende. Drei Stunden lang vergewaltigte Carl den Jungen in aller Ruhe und ergötzte sich an seinen Schreien und seinem Wimmern. In diesem Teil der Stadt gab es niemanden, der sie hören konnte, und es war so nah an der süßen Erinnerung an den kleinen afrikanischen Jungen in Angola, wie nur möglich, als seine Schreie von den bröckelnden Mauern widerhallten. Am Ende schlug er den Schädel des kleinen Jungen gegen einen Felsen, bis er starb, obwohl George sich schon nach der ersten Stunde nicht mehr gewehrt hatte. Nachdem der Junge tot war, säuberte Carl sich und stopfte dem Jungen mehrere Blätter Papier, die er aus seiner Zeitschrift herausgerissen hatte, in den Hals. Dafür schien es keinen besonderen Grund zu geben, außer dass er sich damit als der Mann zu erkennen gab, den Georges Tante früher am Tag getroffen hatte, aber er tat es trotzdem. Jedes Mal, wenn er tötete, schien er eine neue

Wendung einzubauen, um die Sache spannend zu halten und um seine Handschrift zu ändern, damit es der Polizei schwerer fiel, ihn aufzuspüren.

Anstatt George einfach liegen zu lassen, sammelte er einige Äste und bedeckte damit die Leiche, bevor er Salem endgültig verließ. Carl machte sich keine Illusionen darüber, wie lange es dauern würde, bis Georges Leiche entdeckt werden würde, und als ein paar Zeugen ihn dabei beobachteten, wie er sich aus dem verlassenen Stadtteil davonmachte, sah er fast panisch aus, als er mit seiner zerfetzten Zeitschrift in der Hand die Straße hinunter rannte.

Am 21. Juli, drei Tage später, wurde bei der Suche nach George dessen Leiche am Stadtrand entdeckt. Die Polizei von Salem trommelte ein Aufgebot von Einheimischen zusammen und durchstreifte die Straßen, um nach Fremden in der Stadt zu suchen und sie festzunehmen. Ein halbes Dutzend Männer, die gerade auf der Durchreise waren, wurden verhaftet, aber die Zeugen aus der Boston Road konnten keinen von ihnen als den Mann identifizieren, den sie am Tag seines Verschwindens mit George gesehen hatten.

Der Mord machte Schlagzeilen, nicht nur in den Lokalzeitungen, sondern auch in den nationalen Zeitungen. Ein paar Wochen lang kannte die ganze Welt den Namen George McMahon, bevor er allmählich in Vergessenheit geriet. Die Fahndung kam zum Stillstand, nachdem drei Wochen später ein lokaler Pädophiler gelyncht worden war, und die Polizei trotz aller Bemühungen keine Spur fand.

Der Täter des schrecklichen Verbrechens war die Küste hinunter nach New York gereist, genauer gesagt nach Westchester County, um endlich ein Boot zu finden, bevor seine Geldreserven völlig aufgebraucht waren. Carl hatte sich inzwischen an ein gewisses Maß an Komfort gewöhnt, was ihn zwar nicht weicher machte, aber auf jeden Fall sesshafter, zumindest während des harten Winters.

In den frühen Tagen des Jahres 1923 ergatterte ‚John O'Leary' eine Stelle als Nachtwächter bei der Abecco Mill Company in der 220 Yonkers Avenue. Vermutlich dachte der Manager, der ihn einstellte, zu Recht, dass niemand so dumm wäre, in das Gebäude einzubrechen, wenn er es dabei mit Carl Panzram zu tun bekäme. Dann mietete er sich eine Wohnung in der Nähe und hatte zum zweiten Mal in seinem Leben einen festen Wohnsitz und ein Bett, in das er sich jeden Morgen legen konnte. Die Nachtschichten waren zwar lang und langweilig, ohne auch nur einen Hauch von der Gewalt und der Action, nach der sich Carl sehnte, warteten aber mit einer kleinen Entschädigung auf: Einer der Teenager blieb nach Feierabend immer noch eine Weile in der Mühle und rauchte mit Carl eine Zigarette, bevor dessen Schicht begann. Es dauerte nicht lange, bis eine Flasche selbstgebrannter Schnaps dazukam und die erste Stunde seiner Schicht zu einem gesellschaftlichen Ereignis wurde, auf das Carl sich freute. Doch irgendwann wurde seine Anspannung zu groß. So gern er auch den Job behalten wollte, diesen Jungen, George Walosin, wollte er noch mehr.

Also zwang er den Jungen in der unbeleuchteten Fabrik in die Knie und nahm ihn von hinten. Doch zu seiner Überraschung versuchte George nicht, sich zu wehren. Tatsächlich schien er sich nicht schnell genug seiner Kleider entledigen zu können. Zum ersten Mal in seinem Leben hatte Carl einvernehmlichen Sex mit einem anderen Mann. Danach wusste er nicht, was er tun sollte, und es war ihm unangenehm, als George ihm einen Abschiedskuss geben wollte. All die aufgestaute Energie, die sich in den langen Wochen ihres Flirts aufgebaut hatte, hatte sich verflüchtigt und ließ ihn so leer zurück wie das knarrende Gebäude um sie herum. George war ein wenig enttäuscht über den Mangel an Zuneigung, aber das hielt ihn nicht davon ab, am nächsten Abend wiederzukommen ... und am übernächsten und am überübernächsten. Es dauerte nicht lange, bis der Sex mit George zu einem Teil von Carls regelmäßiger Routine wurde. Sie tranken und rauchten, suchten sich eine ruhige Ecke, in der sie sich eine Stunde lang vergnügen konnten, und dann schickte er George weg, oft mit einem Dollar in der Tasche, um ihn zum Schweigen zu bringen, obwohl das völlig unnötig war.

George war auf eine Weise freundlich zu Carl, auf die er nicht vorbereitet war. Und als er anfing, zärtliche Gefühle für den Jungen zu entwickeln, löste dies eine weitere philosophische Krise in ihm aus. Seine Weltanschauung basierte einzig auf der Vorstellung, dass die Starken und Mächtigen die Schwachen und Naiven beherrschen, doch hier war er und schwärmte für diesen Jungen wie in einem Kinofilm. Das erschütterte ihn. Denn wenn die Welt nicht so war, wie er sie sich vorgestellt hatte, dann war sein Handeln nicht so leicht zu rechtfertigen. Wenn er auf eine andere Art und Weise leben konnte, es sich in einem bequemen Job wie diesem gut gehen lassen und den Sex haben konnte, den er wollte und wann immer er ihn wollte, ohne dass jemand verletzt wurde, dann bedeutete das, dass er ein Monster war. Das einzige Monster in einer Welt voller normaler Menschen – und nicht der einzige ehrliche Mann in einer Welt voller Monster, die versuchten, sich als etwas anderes auszugeben.

Dies war genau die Art geistiger Zwiespälte, die Carl durch ein Leben jenseits des Gesetzes vermeiden wollte, und nun musste er sich ihnen jede Nacht stellen, da George seinen Avancen bereitwillig nachgab. Nur wenige Monate vor seiner Ankunft in Yonkers hatte Carl einen vorpubertären Jungen vergewaltigt und ermordet, um die gleiche Art von Befriedigung zu erlangen, die scheinbar jeder andere nur in einer Beziehung empfand. Und nun war er hier, zufrieden mit einem Leben auf der richtigen Seite des Gesetzes, mit einem Jungen, der ihn mochte und der nicht zu irgendeiner Art von Verderbtheit gezwungen werden musste. Und am Morgen wachte er sehr zufrieden auf. Doch genau das konnte er nicht ertragen. Die Erinnerungen an seine Taten, an das, was er war, nagten Tag und Nacht an ihm und trübten jeden Moment des Friedens, in dem er hätte schwelgen sollen. Sie erinnerten ihn daran, dass dieser Ort und dieser Junge immer nur vorübergehend sein konnten.

Als der Frühling kam und die Tage wieder wärmer wurden, räumte Carl seine Wohnung und kündigte seinen Job fristlos. Er hätte George ohne ein Abschiedswort zurücklassen können, doch dafür war Carl zu gierig. Er wollte sein wildes und wollüstiges Leben, und er wollte, dass sein Junge ihn dabei begleitete. Und genau das war das Problem. George war ein behüteter Junge, auch wenn ihn seine Neigungen in eine Schattenwelt zwangen, die ihn völlig überforderte. Daher war Carl sich nicht sicher, für welche Seite er sich beim ersten Anzeichen von Ärger entscheiden würde, und das Letzte, was er wollte, war, seinen jungen Geliebten in den Tod zu schicken, nur weil er nicht mit den Dingen leben konnte, die Carl tun musste, um seinen Lebensstil aufrechtzuerhalten. Also schlossen die beiden einen Pakt. Carl würde eine Zeit lang weggehen, um die Dinge in Ordnung zu bringen, und mit dem Sommer würde er zurückkommen, um George aus dieser

Mittelmäßigkeit herauszuholen. Schließlich erlaubte er sich, dem Jungen einen Kuss zu geben, bevor er ging, aber es fühlte sich für sie beide falsch an. Carls Art von Zuneigung war immer eine Animalische gewesen. Den weichen Mann zu spielen, lag ihm wirklich nicht.

Wenn er dem, was er war, treu bleiben wollte, konnte Carl nicht an einem Ort verharren, an dem man leicht Beweise gegen ihn sammeln und ihm seine Verbrechen nachweisen konnte. Doch mit dem Fortschritt der Technologie wurde es für Kriminelle immer schwieriger, sich unbemerkt in Amerika zu bewegen. Das Auto war noch eine neue Erfindung, mit der Carl nicht vertraut war, und die Infrastruktur für einen zuverlässigen Fernverkehr war noch nicht vorhanden. Vor allem aber wurde die Eisenbahn, die schon immer Carls bevorzugtes Transportmittel gewesen war, immer ungastlicher. Als das organisierte Verbrechen in den Vordergrund rückte, wurde die Eisenbahn zu einem der wichtigsten Möglichkeiten für den Schmuggel illegaler Waren über die Staatsgrenzen hinweg. Die alten Eisenbahnbullen, die Carl so gerne herumgeschubst hatte, wurden nach und nach durch geschulte Ordnungshüter verschiedener Couleur ersetzt – Männer, die nicht zögern würden, das Feuer auf einen Landstreicher zu eröffnen, der als blinder Passagier mitfuhr.

Die Gemeinschaft der Obdachlosen, die Carl immer Schutz geboten hatte, wurde in alle Richtungen auseinandergetrieben, und ohne die Schienen, die ihre verstreuten Lager miteinander verbanden, konnten keine Nachrichten übermittelt werden und die Gruppen sich nicht mehr wie früher zusammenfinden. Erschwerend kam für die Landstreicher hinzu, dass die Missernten in dem Gebiet, das bald zum ‚Dust Bowl' werden sollte (so wurden während der Weltwirtschaftskrise in Kanada und den USA Teile der Great Plains genannt, die in den 1930er-Jahren von verheerenden Dürren und Staubstürmen heimgesucht wurden, Anm. d. Übers.), immer mehr normale Menschen zur Wanderschaft zwangen. Die Yeggs und ihre Angelinas waren dagegen nirgends mehr zu sehen. Der Zustrom anständiger Leute hatte sie aus der Unterwelt vertrieben, die sie einst für sich in Anspruch genommen hatten, und diese Neulinge hatten keine Zeit mehr für die widerlichen Perversen und Berufsverbrecher, die einst dessen Hauptstütze gewesen waren. Die Zeiten änderten sich und Carl stand dem erdrückenden Gewicht der Geschichte hilflos gegenüber.

Der einzige Ort, an dem er sich so frei bewegen konnte wie früher, war das Meer. Also kehrte er zu seinem ursprünglichen Plan zurück, ein Schiff zu stehlen und es so umzubauen, dass es wie die Akista aussah. Schließlich fand er das Gesuchte in einem Jachthafen in Providence, Rhode Island. Das neue Schiff war ein schlechter Ersatz für die Akista, aber Carl ahnte allmählich, dass es einfacher sein würde, jemanden dafür zu bezahlen, die Schiffsangaben in seinen Papieren zu fälschen, als ein passendes Schiff zu finden. Die Jolle, die er sich besorgte, war eine Schönheit von einem Schiff, 38 Fuß lang und mit allen modernen Annehmlichkeiten ausgestattet. Dank seiner hart erarbeiteten Seemannsfähigkeiten war Carl in der Lage, das gesamte Schiff ohne Besatzung und mit wenig Kraftaufwand zu steuern. Mitten in der Nacht nahm er Kurs auf vertraute Gewässer und als der Morgen graute, war er bereits auf dem Weg nach Long Island Sound, wo die Leichen der Opfer seiner letzten

Segelfahrt noch immer in den tiefen, dunklen Gewässern lagen und von den Flundern angepickt wurden.

Da er keine Angst mehr vor dem Meer hatte, verlor Carl auch die Angst vor einer Gefangennahme. Dank des Schiffs, das er gestohlen hatte, und seiner Fähigkeiten als Seemann hätte keine Polizeibehörde der Welt eine Chance, ihn zu fangen, und er hätte auch darauf gewettet, dass er gegen eine der Seemachtkräfte auf hoher See eine Chance hätte. Bald würde er George abholen, aber bis dahin würde er sich schon einen kleinen Notgroschen anlegen, um ihnen das Leben auf See ein wenig angenehmer zu machen. George sollte alle Höhepunkte des Lebens eines Gesetzlosen erleben, ohne dass er jemals erfuhr, woher das Geld dafür kam.

Der Flusspirat

Nachdem er an einem Steg in der Nähe von New Haven, Connecticut, angelegt hatte, begann Carls neueste Verbrechensserie. Nachts suchte er auf den Straßen nach Männern, die er vergewaltigen und ausrauben konnte, und das Geld aus ihren Brieftaschen reichte auch, um allein über die Runden zu kommen. Aber es war zu wenig, um sowohl ihn als auch George während des Sommers über Wasser zu halten. Und so dauerte es nicht lange, bis die Versuchung ihn erneut übermannte. Er hielt Ausschau nach großen Häusern, in denen er vielleicht eine ähnliche Beute wie bei dem Einbruch ins Taft-Haus machen konnte. So verlockend diese kleinen Villen auch waren, so hatte er doch seine Lektion gelernt und war nun vorsichtiger. Da George in Yonkers auf ihn wartete, wollte er nicht wieder im Gefängnis landen und schraubte seine Pläne etwas zurück. Anstatt wie beim letzten Mal die Superreichen ins Visier zu nehmen, wählte er ein paar Häuser der Mittelschicht aus, um die sich die Polizei weniger kümmern würde. Die Beute war natürlich nicht mit dem unglaublichen Reichtum vergleichbar, den er beim Berauben des Ex-Präsidenten erworben hatte, aber das Risiko war immer noch sehr hoch. Außerdem war es äußerst nervenaufreibend, seine Beute auf seine Jacht zu bringen, sodass er schon bald nur noch nach Grundstücken am Wasser die Augen aufhielt.

Und in dem Moment kam ihm eine noch bessere Idee. Die meisten Jachten, die in der Nähe dieser wohlhabenden Sommerstädte anlegten, lagen nachts verlassen da, nachdem sich ihre Eigner mit dem Beiboot in ihre Häuser zurückgezogen hatten. Viele Wertgegenstände wurden dabei an Bord der Schiffe und in dem Vertrauen darauf zurückgelassen, dass ihre Position abseits der Küste sie vor Langfingern schützen würde. Denn wie viele Einbrecher gab es auf der Welt, die segeln konnten? Für Carl bedeuteten sie einen wahren Geldsegen. Natürlich erbeutete er nicht so viel wie bei einem Einbruch in eines ihrer Häuser, aber doch wesentlich mehr, als durch den Überfall auf irgendeine x-beliebige Person auf der Straße. Neben den teuren Dingen wie Pelze, Schmuck und Kleidung, die er stahl und zu Geld machte, kam Carl durch diese Raubüberfälle auch an eine ansehnliche Menge an Alkohol, da die Leute dazu neigten, ihren illegalen Alkohol an Bord aufzubewahren, wo er leicht über Bord geworfen werden konnte, wenn die Polizei plötzlich auftauchte, anstatt zu riskieren, dass er in ihren Wohnungen entdeckt wurde. Doch das alles war nichts im Vergleich zu seinem größten Fund: Vor der Küste von Premium Port entdeckte Carl in einer der vor Anker liegenden Jachten eine Pistole vom Kaliber .38 und nachdem er ein wenig in den Schiffspapieren gekramt hatte, konnte er sowohl die Waffe als auch die Jacht als Eigentum des Polizeichefs von New Rochelle identifizieren. Das war zwar nicht so befriedigend, wie einen der Polizisten über den Tisch zu ziehen, die ihn im

Laufe der Jahre verhaftet hatten, aber der Gedanke, Menschen mit der Waffe des Polizeichefs zu töten, verschaffte Carl dennoch eine gewisse rachsüchtige Befriedigung.

Als der Juni kam, fuhr Carl schließlich mit der Jolle die Küste hinauf, um George zu treffen. Zu diesem Zeitpunkt hatte George die Hoffnung fast schon aufgegeben, seinen Geliebten jemals wiederzusehen, und war ein wenig schockiert, als Carl aus heiterem Himmel auftauchte und ihn fragte, ob er bereit sei zu gehen. Er war jedoch nicht zu schockiert, um seine Kündigung einzureichen und seine Mutter zum Abschied zu küssen und ihr zu sagen, dass er einen Job auf einem Segelschiff gefunden hatte, der es ihm ermöglichte, so zu reisen, wie er es sich immer gewünscht hatte.

Nachdem George sich verabschiedet hatte, nahm sich das Paar ein wenig Zeit, um die Vorräte aufzufüllen, die Carl trotz seiner Piraterie noch nicht herbeigeschafft hatte. Am 25. Juni setzten sie schließlich die Segel in Richtung Norden den Hudson River hinauf in Richtung Peekskill. George war völlig überwältigt von der Jacht und all den Reichtümern, die sie enthielt. Er konnte nicht glauben, dass Carl als Nachtwächter gearbeitet hatte, wo er doch offensichtlich ein reicher Mann war.

Zum ersten Mal in seinem Leben hatte Carl jemanden gefunden, den er nur schwer anlügen konnte, dem er aber auch nicht die Wahrheit sagen durfte, wenn er ihn nicht verlieren wollte. Also stammelte er, es gäbe Probleme mit seinen Papieren und seiner Zeit im Ausland, doch seine Erklärung führte nur zu weiteren Fragen, die er nicht beantworten wollte. Schließlich zwang er George auf die Knie und bestieg ihn, anstatt noch einen Moment länger dieses Gespräch führen zu müssen. Während er versuchte, seine

Probleme durch Sex zu verdrängen, trieb das Schiff langsam und führerlos mit der Strömung.

Veränderungen waren schon immer eine Konstante in Carls Leben gewesen, aber zum ersten Mal beunruhigte ihn die vorübergehende Natur seiner Situation. Alles würde ein jähes Ende nehmen, wenn George die Wahrheit über ihn herausfand, und Carl machte sich keine Illusionen darüber, dass er sein wahres Ich in dieser unmittelbaren Nähe nicht für immer verbergen konnte. Er konnte nur versuchen, so lange wie möglich nicht unterzugehen.

So ließen sie sich flussaufwärts treiben und legten in zwei Tagen keine achtzig Kilometer zurück. Carl wurde bald klar, dass George sich auf See nicht wohlfühlte. Der Junge war seekrank und konnte kein Gleichgewicht halten, während sein ständiges Gejammere dem älteren Mann zu schaffen machte. Kurzerhand beschloss Carl, die Jacht zu verkaufen und eine andere Möglichkeit zu finden, mit dem jungen George ‚sesshaft' zu werden. Er legte das Schiff in einer Bucht in der Nähe von Kingston an, um den Rumpf neu zu streichen und es umzubenennen, bevor er es in Richtung Stadt brachte und an Land ging. Er verbrachte den Tag damit, an den üblichen Treffpunkten nach dem idealen Käufer für die Jacht zu suchen, der zwar über eine anständige Summe Geld verfügte, sich aber keine allzu großen Gedanken über die Herkunft der Dinge machte, die er mit diesem Geld kaufte. Gegen Abend lernte er schließlich einen Mann kennen, der über die erforderliche lockere Moral und das nötige Kleingeld zu verfügen schien, und fuhr mit ihm in einem Beiboot hinaus, um sich das Kaufobjekt anzusehen. Am Abend des 27. Juni setzten sich die drei Männer auf dem Deck des Schiffes zusammen und begannen zu trinken, während sie die

Einzelheiten des Geschäfts besprachen. Der Käufer hatte an Land genug Geldscheine auf den Tisch gelegt, damit Carl ihn mit auf sein Schiff nehmen würde, aber nun schien er sich nicht von etwas davon trennen zu wollen, obwohl das Boot ganz nach seinem Geschmack war. George hielt es für einen Trick, um den Preis zu drücken, aber Carl war misstrauischer gegenüber dem Fremden. Er hatte oft genug auf der anderen Seite gestanden, um die Zeichen zu erkennen. Als der großspurige ‚Käufer' vorschlug, er könne ihnen die Jacht umsonst abnehmen, verstand George nicht, was er meinte, und als er seine Waffe auf die Männer richtete, erstarrte der 15-Jährige. Carl dagegen hatte keine Angst. Falls er jemals welche empfunden hatte, war sie vor langer Zeit im Schmelztiegel des Leidens verbrannt worden. Noch bevor der Räuber seine Drohung zu Ende aussprechen konnte, hatte Carl seine eigene Pistole gezogen und ihm eine Kugel in den Kopf gejagt.

Georges anfänglicher Schreckmoment verwandelte sich in entsetzte Lähmung. Er konnte nur erstarrt zusehen, wie sein Geliebter die Taschen des Toten nach dem Geld durchwühlte, das er zuvor gesehen hatte. Das meiste davon erwies sich als Falschgeld, aber es gab genug echte Scheine, damit der Abend nicht völlig umsonst gewesen war.

„Hol den Ersatzanker raus, Georgie."

Der Junge starrte ihn an, als würde er Carl zum allerersten Mal sehen, als hätte er hinter seine Maske gesehen und die wahre Identität des Mannes erkannt, den er für seinen Seelenverwandten gehalten hatte. Er rührte sich nicht.

„Hol mir den Ersatzanker, wir müssen ihn loswerden."

George kam zitternd auf die Beine, konnte aber immer noch nicht glauben, was er da sah. „Du hast ihn erschossen."

„Entweder er oder wir. Und mir gefällt das Wir besser." Carl konnte George wegen vieler Dinge anlügen, aber er konnte sich nicht dazu durchringen, so zu tun, als würde er sich einen Dreck um einen kleinen Dieb scheren, der ihn mit einer Pistole bedroht hatte.

„Wir müssen die Polizei informieren."

„Glaubst du wirklich, dass die Polizei dem Wort von Männern wie uns glaubt?", fragte Carl spöttisch. „Sie werden behaupten, dass wir ihn hierher gelockt hätten, um ihn zu vergewaltigen und auszurauben. Du darfst keinem Polizisten trauen, Georgie. Sie versuchen immer, dir alles Mögliche anzuhängen."

George konnte den Blick nicht von der Leiche lösen. „Aber er ist tot."

„Und wir sind es nicht. Wir müssen ihn loswerden und weiterfahren, wenn wir nicht den Rest unserer Tage im Steinschlag verbringen wollen."

Als ihm klar wurde, dass George ihm keine Hilfe sein würde, holte Carl selbst den kleinen Bleianker heraus, band ihn an das Bein des Toten und warf ihn über Bord. George sank schließlich in seinen Sitz zurück, während Carl die notwendigen Schritte einleitete, damit sie wieder flussabwärts trieben. Er hatte keine Ahnung, wem ihr Gast von seinen Plänen für den Abend erzählt hatte, und obwohl Carl keine Angst davor hatte, sich mit irgendeinem Mann anzulegen, wollte er diesen Ausdruck auf Georges Gesicht nicht noch einmal sehen.

Sie segelten die Nacht hindurch flussabwärts, wobei sie nur die eine oder andere Brise einfingen und keine wirklichen Anstrengungen unternahmen, um weiterzukommen. George schlief die ganze Nacht hindurch unruhig und wachte jedes

Mal auf, nur um in Carls dunkle Augen zu sehen, die ihn mit in Falten gezogener Stirn beobachteten und darauf warteten, was er als Nächstes zu tun gedachte. Sie waren erst drei Tage zusammen und schon ging alles in die Brüche, aber Carl hatte die Hoffnung nicht aufgegeben, dass doch noch alles gut werden könnte. Anders als bei den meisten seiner Morde war dieser hier eindeutig Notwehr gewesen und wenn er so tat, als würde ihn das Ganze doch belasten, konnte er George vielleicht davon überzeugen, dass es sein erstes Verbrechen gewesen war.

Als der Morgen dämmerte, wachte George auf und stellte fest, dass sie nicht mehr trieben. Von Carl gab es keine Spur. Der Mann war an Land gegangen, um ein paar Fischernetze zu stehlen, damit sie ihren Lebensmittelbestand mit frischen Fängen auffüllen könnten und nicht so oft an Land gehen müssten. Er wollte George etwas weiter auf das offene Wasser bringen und ihn so lange bearbeiten, bis er wusste, für welche Seite sich der Junge entscheiden würde, wenn er endlich die Gelegenheit hatte, mit jemandem an Land zu sprechen. Alles, was er brauchte, war ein wenig Zeit, um sicherzustellen, dass George entweder den Mund hielt oder die Geschichte so erzählte, wie Carl es von ihm wollte.

Doch George gab ihm nie die Gelegenheit dazu. Während Carl noch an den Docks von Poughkeepsie ein weiteres Verbrechen beging, sprang George ins Wasser und schwamm um sein Leben, wobei er nicht das nahe Ufer des Hudson als Ziel hatte, sondern das gegenüberliegende. Die Strömung trieb ihn flussabwärts bis nach Newburgh, wo ihn ein Fischer entdeckte und an Land zog. Die ersten Worte aus seinem Mund, sobald er wieder zu Atem gekommen war, waren: „Polizei. Ich muss zur Polizei."

Dort gab er zu Protokoll, dass Carl ihn unter Vorspiegelung falscher Tatsachen an Bord des Schiffes gebracht und ihm einen Job versprochen habe, und dass Carl ihn dann während ihrer gemeinsamen Zeit wiederholt vergewaltigt habe, bis ihm an diesem Morgen die Flucht gelungen sei. Vor allem aber meldete er der Polizei den Mord an dem namenlosen Mann und gab ihr die nötigen Hinweise, wo sie seine Leiche finden konnten. Diese Information war für die Polizei zu diesem Zeitpunkt von keinem großen Nutzen – die Leiche hätte genauso gut auf dem Mond liegen können, so unerreichbar war der Grund des Hudson. Georges restliche Aussage dagegen war es durchaus. Sie gaben eine Warnung an alle Hafenstädte flussaufwärts und flussabwärts heraus, nach Captain John O'Leary Ausschau zu halten.

Bei seiner Rückkehr auf die Jacht wurde Carl schnell klar, dass George ihn verlassen hatte. Nach so vielen Jahren und so vielen unbedeutenden Betrügereien sollte man meinen, dass der Mann überhaupt nichts mehr fühlen konnte, aber er war am Boden zerstört. Seine schlimmste – und einzige – Befürchtung war wahr geworden. George hatte ihn nicht nur für das zurückgewiesen, was er wirklich war, sondern war auch so verängstigt gewesen, dass er direkt zur Polizei gelaufen war. Carl verbrachte Stunden damit, die Straßen von Poughkeepsie auf der Suche nach dem Jungen zu durchkämmen, während seine Angst immer größer wurde. Jeder Moment, in dem er stillstand, brachte ihn einer Festnahme näher. Er musste weiterlaufen. Als der Druck schließlich zu groß wurde, eilte Carl zurück zu seinem Boot und setzte die Segel. Er nutzte die Strömung des Flusses, um so viel Abstand wie möglich zwischen sich und die

Anschuldigungen zu bringen, die George gerade in die Welt setzte.

Bei Einbruch der Dunkelheit hatte Carl es bis in das Dorf Nyack geschafft, wo ihm prompt der Wind ausging. Er legte am Peterson Boat Yard an und richtete sich für die Nacht ein, wobei er nur kurz mit dem Hafenmeister sprach, bevor er hinunter zu dem schmalen Bett unter Deck ging und sich hineinlegte. Wenn er allein auf See gewesen war, hatte sich das Bett immer zu klein für seinen massigen Körperbau angefühlt, aber jetzt, wo er wieder niemanden hatte, mit dem er es teilen konnte, fühlte es sich plötzlich leer an. Er rollte sich an der Stelle zusammen, auf der George immer gelegen hatte, und schlief ein.

Als er wieder aufwachte, blickte er in den Lauf einer Schrotflinte. Die Polizisten von Nyack waren vielleicht nicht die besten oder klügsten in Amerika, aber sie waren nicht dumm. Als der Aufruf erfolgte, flussaufwärts und flussabwärts nach einem Mann Ausschau zu halten, hatten die Beamten genügend Menschenverstand besessen und sich mit allen Hafenmeistern in Verbindung gesetzt. In der Welt, die Carl vor seinem Auslandsaufenthalt gekannt hatte, hatten die Polizeidienststellen nicht miteinander kommuniziert und sich auch bestimmt nicht kurz angerufen, wenn jemand, den sie verfolgten, in den nächsten Zuständigkeitsbereich weitergezogen war.

Doch angesichts des organisierten Verbrechens hatte auch die organisierte Strafverfolgung in Amerika endlich Fuß gefasst. Alle Tricks, die Carl und seine Landstreicherfreunde früher vor einer Verhaftung bewahrt hatten, waren angesichts dieser neuen Situation nutzlos. Vielmehr mussten sie erst noch die neuen Tricks lernen, mit denen die Schmuggler das Gesetz umgingen. Die Polizei von Nyack beschlagnahmte die Jolle und verhaftete John O'Leary wegen Homosexualität, Einbruch und Raub – die einzigen Dinge, von denen die Polizei von Newburgh mit Sicherheit wusste, sie mithilfe ihres einzigen Zeugen beweisen zu können. John gab als Beruf Seefahrer, als Alter 40 Jahre und als Geburtsort Nevada an. In Wahrheit war Carl erst 32 Jahre alt, aber das harte Leben hatte ihm das Aussehen eines viel älteren Mannes verliehen, sodass niemand an seiner Geschichte zweifelte. Es ist nicht klar, ob Carl zu diesem Zeitpunkt sein Alter überhaupt wusste, nachdem er so viele Jahre in der Welt herumgezogen war – ohne ein Zuhause oder das Bedürfnis nach einem Kalender zu haben. Es ist durchaus möglich, dass er seine Lügen selbst glaubte. Das würde auch erklären, warum er sich nie in ihnen verstrickt hat.

Am nächsten Tag kamen zwei Polizisten aus Yonkers, um John O'Leary festzunehmen und seine Jacht zu beschlagnahmen, bevor sie ihn flussabwärts ins Gefängnis von Yonkers brachten, wo er auf seinen Prozess wartete. Carl ließ alles widerstandslos über sich ergehen, während er noch immer unter Georges Verrat litt. Doch sein benommener Zustand hielt nicht lange an. Kaum befand er sich wieder in der vertrauten Umgebung eines Gefängnisses, setzten seine Instinkte wieder ein. Genau wie seine Versuche in Angola, Sex mit kleinen Mädchen zu haben, war dies nur eine weitere Bestätigung dafür, dass er niemals ein normales Leben führen oder sich über seine eigenen Entscheidungen freuen konnte. George hatte ihn verraten, weil er schwach und weich war. Er hatte nicht den Mut gehabt, zuzugeben, dass Mord, Vergewaltigung und Raub der natürliche Zustand des Menschen waren. Auch in Carl steckte noch eine Spur dieser schrecklichen Schwäche, die ihn vor Rachegedanken an George zurückschrecken ließ, obwohl er ihn den Behörden ausgeliefert hatte. Dieser winzige menschliche Funke, der noch irgendwo in seiner Seele wohnte, brachte ihn dazu, diesen Hass auf sich selbst zu richten. Zum ersten Mal hasste Carl sich selbst genauso sehr wie den Rest der menschlichen Rasse.

Am 2. Juli, nur wenige Tage nach seiner Inhaftierung, unternahm Carl einen Ausbruchsversuch. Mit fünf weiteren Häftlingen, die ihn bei seinen Plänen unterstützten, verbrachten sie den Tag damit, ihre Betten aufzubrechen und die Metallrahmen als Werkzeuge zu benutzen, um den Mörtel an den Fenstergittern aufzubrechen und zu entkommen. Sie begannen mit ihrer Arbeit in der Nacht, wobei die Geräusche ihres Scharrens durch das Gejohle der anderen Häftlinge übertönt wurden. Zusammen mit seinem Zellengenossen Fred Federoff machte Carl gute Fortschritte und hatte bereits eine Stange freigelegt, als sie bei einer routinemäßigen Zelleninspektion von den Wärtern entdeckt wurden. Carl versuchte, die Wachen anzugreifen, indem er die Stange des Fensters als Knüppel benutzte, aber sie waren in der Überzahl, überwältigten ihn und sperrten ihn in Einzelhaft. Die anderen Gefangenen, die zu fliehen versuchten, wurden bald darauf gefasst, aber während sie alle kurz darauf in ihre Zellen zurückgebracht wurden, blieb Carl unten im Loch. Sie hatten alle zugegeben, dass er der Anführer ihres kleinen Komplotts gewesen war, also nahm er die Last der Bestrafung auf sich.

Im Vergleich zu einigen der Orte, an denen Carl zuvor eingesperrt gewesen war, war die Einzelhaft in Yonkers wie ein Luxushotel. Er bekam sogar Essen. Es war also der ideale

Ort für ihn, um in Ruhe zu sitzen und über seinen nächsten Schritt nachzudenken.

Seit dem Verrat in San Francisco hatte Carl sich während all seiner späteren Verurteilungen geweigert, auch nur mit einem Anwalt zu sprechen. Selbst im Gerichtssaal hatte er stets schweigend neben seinem Pflichtverteidiger gesessen und ihn schlichtweg ignoriert, was aber nicht bedeutete, dass er den Wert eines Mannes im Anzug nicht erkannte. Er bat darum, nicht mit einem vom Gericht bestellten Anwalt zu sprechen, sondern mit einem Mann aus einer der besseren Kanzleien in Yonkers. Mr Cashin hatte noch nie von John O'Leary gehört, der versuchte, mit ihm Kontakt aufzunehmen, sondern besuchte das Gefängnis aus reiner Neugierde, wie eine derart verunglimpfte Person zu seinem Namen gekommen war.

Carl hatte dieses Detail nie erwähnt, aber es gelang ihm, Cashin davon zu überzeugen, dass er nicht der brutale Mensch war, für den ihn die Polizei hielt. Er beteuerte, dass er sein Geld mit Öl gemacht habe – und konnte diese Geschichte mit genügend Details aus seiner Zeit in Angola untermauern, sodass sie plausibel klang –, aber nicht in der Lage sei, auf sein Vermögen zuzugreifen, da er auf der anderen Seite Amerikas von seinen Besitztümern in Kalifornien ferngehalten wurde. Carls Kaution war auf 5.000 Dollar festgesetzt worden, eine Summe, die er nach eigenen Angaben problemlos aufbringen könne, doch der einzige Vermögenswert, den er hier im Staat New York besaß, sei seine Jacht, die Akista. Ab diesem Moment interessierte Cashin sich für Carls Geschichte. Denn der Anwalt wünschte sich schon seit Jahren eine Jacht, hatte aber nicht genug Geld, um eine zu kaufen. Und nun bot Carl ihm diese Gelegenheit auf dem Silbertablett an. Er würde Cashin seine voll ausgestattete Jacht im Wert von mehr als

10.000 Dollar überschreiben, wenn dieser seine Kaution bezahle. Wenn er erst einmal draußen war, könne er seine Leute kontaktieren und sich Geld schicken lassen, damit er bis zu seinem Gerichtstermin angenehm leben könne.

Aus Cashins Sicht war es ein Wagnis, aber eines mit zwei recht ansprechenden Aussichten. Selbst wenn O'Leary nach dem Stellen der Kaution fliehen würde, wären 5.000 Dollar kein schlechter Preis für eine Jacht, und diese Summe war mehr als angemessen für die in den abgeänderten Akista-Papieren beschriebene Jacht. Die beiden Männer einigten sich auf den Deal und noch am selben Tag war Carl wieder ein freier Mann.

Cashin holte seine neue Jacht direkt in Nyack ab und segelte mit einer angeheuerten Crew nach New York, um sie ordnungsgemäß bei der Hafenbehörde zu registrieren. Der Mann hatte schon so lange darauf gewartet und freute sich darauf, in den verschiedenen Segelklubs, in denen sich viele Anwälte gerne aufhielten, mit den großen Jungs aus New York auf Tuchfühlung zu gehen. Mit den Papieren in der Hand und einem breiten Grinsen im Gesicht schlenderte er in die Hafenbehörde. Die Beamten brauchten keine fünf Minuten, um ihm dieses Grinsen abzugewöhnen. Eine kurze Inspektion der Jacht zeigte, dass sie nicht mit den Papieren übereinstimmte, und nach einer Überprüfung mit den eigenen Unterlagen war schnell klar, dass auch die Papiere gefälscht worden waren. Der wahre Name des Schiffes wurde bald ebenso ermittelt wie die Tatsache, dass es in Providence gestohlen worden war. Als die Polizei eintraf, beschlagnahmte sie das Diebesgut und hielt Cashin eine Standpauke.

Wütend nahm Cashin die erste Fähre zurück und stürmte in das Hotel, in dem O'Leary sich eingebucht hatte, nur um festzustellen, dass der Mann noch am ersten Abend abgehauen und nun unauffindbar war. Auch die Polizei von Yonkers konnte Cashin nicht helfen. Für sie war er so etwas wie eine Witzfigur – ein Anwalt, der von seinem eigenen Klienten überlistet worden war.

Dannemora

Im Juni 1923 verschwand ein Boot aus dem Jachthafen von Larchmont, nur wenige Kilometer von der Grenze zu Connecticut entfernt. Es gehörte einem Arzt namens Charles Paine und obwohl er den Diebstahl sofort den Behörden meldete, war er nicht gerade untröstlich. Das Schiff befand sich in einem sehr schlechten Zustand und der Mann hoffte fast, dass es versenkt werden würde, damit er einen Teil seiner Verluste durch seinen Versicherungsanspruch ausgleichen könnte.
Carl kämpfte sich jedoch mit dem Schiff bis nach New Rochelle durch, bevor das Ruder blockierte und das Schiff gegen die Felsen vor der Küste prallte. Er tauchte durchnässt und wütend aus dem Meer auf und musste einsehen, dass seine Pläne wieder einmal gescheitert waren. Jedes Mal, wenn er das Gefühl hatte, Fortschritte zu machen, wurde er vom Schicksal ausgeknockt. Er war bereit, sich die Schuld für seine letzte Katastrophe einzugestehen – so viel Schwäche zu zeigen und George mitzunehmen –, aber woher hätte er wissen sollen, dass die strahlend weiße Jacht, mit der er sich aus dem Staub gemacht hatte, unter Wasser bereits morsch gewesen

war? Es war ja nicht so, dass er sie ins Trockendock stellen konnte, bevor er seine Wahl traf.

Nachdem er eine Zeit lang in der Sonne gelegen hatte, um sich zu trocknen, machte Carl sich auf den Rückweg nach Larchmont, um einen zweiten Versuch zu unternehmen. Dieses Schiff war vielleicht mehr als nutzlos gewesen, aber es gab dort noch viele andere, die nur darauf warteten, geklaut zu werden. Larchmont war ein beliebtes Urlaubsziel für die Elite von Manhattan, ein zweites Zuhause für viele Jachtbesitzer – genau die Art von Leuten, die Carl am liebsten ausraubte. Und obwohl das Schiff, das er sich ausgesucht hatte, alles andere als ideal gewesen war, könnte er immer noch eine anständige Beute machen, indem er mit einem Sack von Schiff zu Schiff zog.

Doch wieder einmal schien das Schicksal entschlossen, seine Pläne zu durchkreuzen. Als er wieder in der Stadt ankam, war ein warmer Sommerabend angebrochen. Alle Jachten waren auf dem Wasser und das Lachen und die Musik ihrer Feste hallten bis ans Land zurück. Sie waren alle da draußen, mit all ihrem Geld und ihrem guten Leben ... und damit außerhalb von Carls Reichweite. Wenn er nicht schon wütend gewesen wäre, hätte dies ausgereicht, um ihn aus der Fassung zu bringen. Und so wurde er wieder zu dem unbesonnenen jungen Mann, der er einmal gewesen war.

Die Jachten und all ihr Reichtum mochten unerreichbar sein, aber irgendwo mussten diese reichen Mistkerle ja in die Stadt kommen. Keiner von ihnen konnte segeln und keine dieser Jachten hatte jemals unten in Manhattan angelegt, sodass die Boote offensichtlich hier oben in Larchmont lagen und nur darauf warteten, dass die Crème de la Crème der Gesellschaft auftauchte und sie mitnahm. Carl wusste nicht viel über

Autos, aber er wusste, dass die Straße hier oben an manchen Stellen selbst für Fußgänger sehr unwegsam war. Also ging er davon aus, dass alle wohlhabenden Gönner von Larchmont mit dem Zug in die Stadt fahren würden. Nach Einbruch der Dunkelheit schlich er sich zum Bahnhof und schaute durch die Fenster, um zu sehen, ob seine Vermutung richtig war. Die Gepäckablagen im Inneren waren voller Koffer ... und das Spiel war eröffnet.

Nach einigen fehlgeschlagenen Versuchen, die Türen aufzubrechen, änderte Carl seine Taktik, lieh sich die Feuerwehraxt am Bahnsteig aus und schlug damit eines der hohen Fenster ein. Dann stieg er durch die Lücke und riss sich dabei an den Glasscherben ziemlich heftig die Haut auf, bevor er sich einen Weg ins Innere des Bahnhofs bahnte und die ersten Koffer durchwühlte. Pelze, Smokings und Schmuck im Überfluss, genug Reichtum, um ihn monatelang, wenn nicht sogar jahrelang zu versorgen. So eine Beute hatte er seit seinem Einbruch in das Taft-Haus nicht mehr gesehen. Carl fühlte sich wie ein Kind im Süßwarenladen, das überall Kisten aufriss und den Inhalt bestaunte. Mit diesen Mitteln könnte er vielleicht sogar ganz legal eine weitere Jacht kaufen und bis nach Südamerika segeln, wie er es immer geplant hatte. Er freute sich so sehr über seine Beute, dass er den Polizisten hinter sich erst bemerkte, als er das Klicken eines Pistolenhammers hörte, der gespannt wurde. Die meisten Männer würden bei diesem Geräusch erstarren, fast alle würden zumindest innehalten. Carl nicht. Er griff nach der Axt und stürzte sich wutentbrannt auf den Polizisten. Für den armen Dorfpolizisten war es eine Szene wie aus einem Albtraum: Dieser schwerfällige, wilde Riese kam mit einer tödlich aussehenden Axt auf ihn zu. Er ließ vor Schreck seine

Waffe fallen und hätte sich umgedreht und wäre weggelaufen, wenn ihn das nicht das Leben gekostet hätte. Im letzten Moment stürzte er sich auf Carl und versuchte, ihm die Axt aus den Händen zu reißen.

An jedem normalen Tag hätte Carl diesen armen Mann in wenigen Augenblicken zerfleischt, aber in dieser Nacht war alles anders. Der Polizist wurde von Adrenalin durchflutet, als ihm bewusst wurde, dass er um sein Leben kämpfte, und versuchte verzweifelt, diese Bestie von Mann abzuwehren. Carl war dagegen bereits durch die Hölle gegangen. In den 48 Stunden, die seit seinem letzten Schlaf vergangen waren, hatte er einen Schiffbruch überlebt, war ans Ufer geschwommen und kilometerweit die Küste hinaufgewandert, um wieder an seinen Ausgangspunkt zurückzukehren. Er war körperlich und geistig erschöpft, aber vor allem war sein Vertrauen durch die Ereignisse mit George erschüttert worden. Er konnte den Keim des Zweifels, der in ihn eingepflanzt worden war, immer noch nicht abschütteln, und ohne sein Selbstvertrauen war er nichts. Schritt für Schritt wurde er gegen seinen Willen in den Bahnhof zurückgetrieben. Seine Knie gaben nach, als er sich gegen den Polizisten stemmte. Er war so überrascht von seiner eigenen Schwäche, dass er, als er im Kampf zu Boden gestoßen wurde, einfach dort unten blieb.

Er hatte davon geträumt, ein normales Leben zu führen, ein normaler Mann zu sein. Nun musste er erleben, wie es war, auf den Boden der Tatsachen zurückgeholt zu werden, ohne die Macht zu haben, die er seit den Glanzzeiten seiner Jugend besessen hatte. Der Polizist riss ihm die Axt aus den Händen und legte ihm die Handschellen an, während Carl brüllte und sich hin und her wand.

Im Morgengrauen war er in der Einzelzelle des Larchmont Police Department eingesperrt und schlief tief und fest auf einem schmutzigen, schmalen Feldbett. Bei seinem Verhör stellte sich heraus, dass er bereits andere Raubüberfälle in Larchmont begangen hatte, und man brachte ihn auch mit einigen anderen Einbrüchen in nahe gelegenen Städten in Verbindung. Später am Morgen setzte Richter Schafer im Dorfgericht die Kaution für ‚John O'Leary' auf 5.000 Dollar fest und die örtlichen Polizisten bereiteten sich darauf vor, Carl in ein Bezirksgefängnis zu verfrachten, wo er auf seinen Prozess warten sollte. Aber Carl wollte nicht gehen. Es gab noch eine Reihe anderer Verbrechen, die er in den umliegenden Städten begangen hatte und von denen er wusste, dass man sie ihm anhängen würde, wenn er bis zu seinem Gerichtstermin bleiben würde. Er musste den Staat New York verlassen und irgendwohin fliehen, wo er eine geringere Strafe zu verbüßen hatte. Als einer der Polizisten versuchte, ihn gewaltsam aus seiner Zelle zu zerren, sagte Carl, dass er schon aus geringerem Anlass Polizisten getötet hätte. Das reichte aus, um den gesamten Prozess seiner Verlegung ins Gefängnis zum Erliegen zu bringen. Carl wurde erneut verhört und die örtliche Polizei bedrängte ihn Tag und Nacht, bis er schließlich zugab, ein entflohener Häftling aus Oregon zu sein, der sich vor einer 17-jährigen Haftstrafe wegen Mordes an einem Polizisten gedrückt hatte. Es war eine schockierende, fast unglaubliche Geschichte. Die Polizisten vermuteten, dass Carl ein ‚Chiseller' war, also jemand, der Verbrechen gestand, die er nicht begangen hatte, weil ihm die Aufmerksamkeit gefiel. Doch Officer Richard Grube, der Polizist, der ihn in Larchmont gestellt hatte, war überzeugt, dass Carl ihn ohne zu zögern auf dem Bahnhof ermordet hätte, wenn er dazu in der Lage gewesen wäre, und setzte sich bei seinem Polizeichef für Carl ein.

So wurde ein Brief nach Oregon geschickt, der das erhaltene Geständnis, eine Liste der bekannten Decknamen des Mannes und eine Beschreibung von Carl Panzram enthielt. In diesem Stadium seines Lebens hatte Carl einen dicken schwarzen Schnurrbart, der ihm das Aussehen eines ständigen Grinsens verlieh. Sein Körper war mit Narben von seinen zahlreichen Schlägereien übersät, und auf seiner Brust waren zwei Adler und auf seinem Arm ein Anker tätowiert. Obwohl viele dieser Merkmale erst nach seiner Zeit in Oregon hinzugekommen waren, war er anhand der Beschreibung seiner Haltung und seines Auftretens immer noch leicht zu erkennen.

Direktor Johnson Smith vom Oregon State Penitentiary telegrafierte am 29. August zurück: „Jeff Baldwin wird in Oregon dringend gesucht. Sein Fall hat an der gesamten Pazifikküste große Aufmerksamkeit erregt und wir werden so schnell wie möglich einen Beamten zu Ihnen schicken."

Unter dem Namen Baldwin hatte Carl noch 14 Jahre seiner Strafe in Oregon abzusitzen, und für Hinweise, die zu seiner Ergreifung führten, war eine Belohnung von 500 Dollar ausgesetzt, die Carl zu beanspruchen versuchte. Schließlich hatte er die Informationen geliefert, die zu seiner eigenen Identifizierung führten. Die Polizisten waren zwar amüsiert, aber nicht amüsiert genug, um ihm einen Penny zu geben. Sie schickten die entsprechenden Papiere nach Oregon, damit sie ihren Anspruch auf Carl geltend machen konnten, und machten dann weiter, als wäre er ein gewöhnlicher Krimineller.

Zwei Wochen später, Mitte September 1923, wurde Carl wegen Einbruch angeklagt. Da er erkannte, dass die Beweise gegen ihn unüberwindbar waren, traf er sich mit dem Staatsanwalt, um einen Vergleich zu schließen. Im Gegenzug für eine mildere Strafe erklärte er sich bereit, sich des Einbruchs schuldig zu bekennen, aber auch hier wurde er von den Anwälten betrogen. Nachdem er sich schuldig bekannt hatte, drängte der Staatsanwalt sofort auf die Höchststrafe von fünf Jahren und führte Carls Vorgeschichte als Gewalttäter als Grund an, um den Mann von der Straße fernzuhalten. Es war nicht gerade hilfreich für Carl, dass er nach dieser kleinen Rede im Gerichtssaal ausrastete und dem Anwalt, der ihn hereingelegt hatte, mit allen nur erdenklichen Schmerzen drohte. Er wurde zu fünf Jahren Haft verurteilt und am nächsten Tag als ‚John O'Leary' ins Gefängnis von Sing Sing verfrachtet.

Sein Aufenthalt dort war nur von kurzer Dauer. Es war ein allgemeines Gefängnis, mit einer Mischung aus gewalttätigen und nicht gewalttätigen Kriminellen aus ganz New York, einer homogenen Mischung aus Menschen, die sich dem Verbrechen verschrieben hatten, wie Carl, und Menschen, die einfach nur eine Pechsträhne hatten oder schlechte Entscheidungen getroffen hatten – Bürger, von denen man erwartete, dass sie in ihr normales Leben zurückkehren und nie wieder gegen das Gesetz verstoßen würden. Für Carl waren sie Beute. Er etablierte sich bald als die Macht in Sing Sing, dominierte die vorhandenen harten Jungs und schikanierte sogar die Gangster. Die Gefangenen konnten ihn nicht kontrollieren und die Wachen hatten Angst, es überhaupt zu versuchen. Als ein Wachmann versuchte, ihn von einem Mithäftling wegzuziehen, den er gerade vergewaltigte, wandte Carl seine lüsterne Aufmerksamkeit auf ihn, und es waren vier Männer nötig, um ihn wegzuziehen, bevor er seinen Höhepunkt erreichen konnte. Der Verwaltung war klar, dass Sing Sing kein ausreichend hartes Gefängnis für John O'Leary war, und so wurde er im Oktober in das tiefste, dunkelste Loch des Bundesstaates New York verlegt: das Clinton-Gefängnis, auch bekannt als ‚Dannemora'.

Dannemora lag nur fünfzehn Kilometer von der kanadischen Grenze entfernt und fast das gesamte Personal stammte aus einem nahen Dorf von Frankokanadiern, die nicht mit ihren Gefangenen sprechen konnten. Aber das wollten sie auch nicht. So herrschte in den bedrohlichen Mauern des Gefängnisses Schweigen – ein Schweigen, das mit Stahlstöcken durchgesetzt wurde, die jeder Wärter bei sich trug und großzügig einsetzte. Generationen von französischsprachigen Dorfbewohnern hatten als Gefängniswärter in Dannemora gedient, ihre eigenen brutalen Traditionen weitergegeben und ihre Kinder darauf vorbereitet, ihren Platz einzunehmen, sobald sie alt genug dafür waren. Das Gefängnis selbst war mehr eine Burg als ein Zuchthaus, mit Mauern, die dreißig Meter hoch waren und sich bis zu zwanzig Meter unter die Oberfläche des Hofes bohrten, sodass sich niemand einen Weg nach draußen graben konnte. Es war eine andere Welt als die Gefängnisse, in denen die meisten Amerikaner eingesperrt waren, und erinnerte mehr an die Gebäude aus einem wollüstigen Geschichtsbuch über die Kerker des alten Europas.

Als Carl dort ankam, wurde er komplett ausgezogen und mit Schneeschmelze abgewaschen. Sein gesamtes Hab und Gut wurde beschlagnahmt und unter den Wachen aufgeteilt. Dann gab es die ersten von vielen Schlägen, nur um ihm seinen Platz in der geltenden Ordnung zu zeigen. Als er in das Büro des Gefängnisdirektors gebracht wurde, um seine Papiere auszufüllen, war er so verprügelt worden, dass er seinen richtigen Namen, Carl Panzram, anstelle einen seiner vielen Aliasnamen angab. Der Direktor, der keine Ahnung hatte, wer der Mann war, trug ihn unter diesem Namen ein und schickte ihn in seine Zelle.

In Dannemora verstummten die Schreie nie. Carl war von Mithäftlingen umgeben, die von den Wärtern zum Schweigen verpflichtet und brutal gefoltert wurden, sobald sie aus der Reihe tanzten, aber auf der anderen Seite des Hofes befand sich das staatliche Krankenhaus für kriminelle Geisteskranke, in dem die unglücklichen Söhne Dannemoras landeten, nachdem die Qualen, denen sie jeden Tag ausgesetzt waren, ihren Verstand gebrochen hatten. Carl konnte sie die ganze Nacht und den ganzen Tag über schreien hören, eine Kakofonie, die selbst in den Tiefen der Hölle nicht fehl am Platz gewesen wäre.

Und Carl passte genau dorthin. Innerhalb einer Woche nach seiner Ankunft hatte er in den Werkstätten eine Brandbombe gebaut, mit der er das komplette Gebäude in Brand setzen wollte. Wäre dabei die Hälfte der Insassen ums Leben gekommen, hätte ihn das nicht weiter gestört, solange die Wachen dadurch gezwungen gewesen wären, den Rest zu evakuieren und ihm die Möglichkeit zu geben, sich aus dem Staub zu machen. Doch die Wachen entdeckten und entschärften die Bombe, bevor sie gezündet werden konnte, was ein reiner Glücksfall gewesen war. Carl wurde aufgrund des Verdachts, am Bau der Bombe beteiligt gewesen zu sein, brutal misshandelt. Es war nichts im Vergleich zu den Folterungen, denen er in früheren Gefängnissen ausgesetzt gewesen war, aber die Stiche dieser spitzen Stöcke reichten aus, um seinen Zorn zu wecken.

In seiner zweiten Woche in Dannemora schlich er sich an einen schlafenden Wärter heran und schlug ihm mit einem fünf Kilo schweren Knüppel, den er aus einem Möbelstück gebastelt hatte, auf den Kopf. Der Mann fiel zu Boden und Carl nahm an, dass er tot sei, aber später stellte sich heraus, dass der Wachmann den Schlag überlebt hatte, aber den Rest seines Lebens unter motorischen Schwierigkeiten leiden würde. Er lallte und konnte keinen klaren Gedanken mehr fassen, sobald er unter irgendeinem Stress stand. Von da an wurde Carl sowohl von den Wärtern als auch von den Häftlingen mit dem nötigen Respekt behandelt.

In seiner dritten Woche in Dannemora schmiedete Carl einen Plan, um im Schutz der Dunkelheit zu verschwinden. Er sammelte verschiedene Dinge, die für die Pflege der Gemüsegärten bestimmt waren, und band sie mit Kordeln zu einer wackeligen, neun Meter langen Leiter zusammen. Die Wachen waren dafür bekannt, dass sie sich auf die dicken Mauern verließen, um die Gefangenen einzusperren, und machten sich nachts nie die Mühe, den Hof zu bewachen. Nachdem Carl also seine unglaublichen Armmuskeln hatte spielen lassen und seine Zellentür aus den Angeln gehoben hatte, war es kein Problem, die Leiter dort zu holen, wo er sie gelassen hatte, und sie zur Mauer zu tragen. Sein Plan war einfach: auf die Mauer klettern, die Leiter hochziehen, sie auf der anderen Seite wieder herunterlassen und in die Freiheit hinunterklettern. Von allen seinen Ausbrüchen aus dem Gefängnis war dies wahrscheinlich der einfachste und sicherste. Leider konnte Carls handwerkliches Geschick nicht mit seinen tollen Ideen mithalten. Alles verlief nach Plan, als er mitten in der Nacht über den Hof huschte und mit dem Aufstieg begann, doch als er gerade die Spitze seiner Leiter erreichte, zersplitterte eines seiner Werkzeuge im mittleren Teil. Er kippte auf seiner Leiter nach hinten und fiel die ganzen neun Meter tief auf eine Betonstufe im Hof, wobei er sich Knöchel, Beine und Wirbelsäule brach. Schlimmer noch, er hatte sich die Leiste aufgerissen und seine Organe quollen zwischen seinen Beinen hervor, als würde er seine eigenen Eingeweide gebären. Es war die schlimmste Qual, die Carl je erlebt hatte und sämtliche Schreie und Schluchzer, die er über die Jahre hinweg in sich hineingefressen hatte, bahnten sich ihren Weg aus seiner Kehle. Er lag die ganze Nacht schreiend da, doch niemand kam, um ihn zu holen. Alle gingen davon aus, dass es sich bei dem Lärm nur um die kriminellen Verrückten auf der anderen Seite des Hofes handelte. So lag er Stunden hilflos da und versuchte, seine Eingeweide wieder in sich hineinzudrücken, bis ihn die Qualen betäubten.

Als am nächsten Morgen eine Patrouille vorbeikam, konnte Carl nur noch um Hilfe betteln. Im Angesicht des überwältigenden Schmerzes war die Fassade des harten Kerls verschwunden. Vier Männer traten um ihn herum und zogen ihn an allen Gliedmaßen hoch, sodass er erneut zu schreien begann. Sie trugen ihn in das Gebäude, während er sich stotternd bedankte, nach dem Arzt flehte und wegen der überwältigenden Schmerzen weinte. Da er die Krankenstation von Dannemora noch nie gesehen hatte, nahm er an, dass sie ihn dorthin bringen würden … bis zu dem Moment, als sich der dunkle Raum der Einzelhaft vor ihm öffnete. Sie warfen ihn auf den dreckigen Boden und dann kannte er nur noch Dunkelheit und Schmerz.

Als er das nächste Mal wieder zu Bewusstsein kam, hatte sich nicht viel verändert. Er befand sich noch immer in der Dunkelheit und litt unter größten Schmerzen. Er blieb in dieser Zelle, während seine Knochen falsch zusammenwuchsen und die Ausbuchtung der eingeklemmten Organe zwischen seinen Beinen zu seinem neuen Normalzustand wurde. Es dauerte ein Jahr und zwei Monate, bis man ihn endlich wieder aus der Zelle zerrte und er krummbeinig zur Krankenstation humpelte, wobei seine Knöchel bei jedem Schritt knirschende Geräusche von sich gaben. Während dieses langen, qualvollen Jahres hatten sich Beamte aus Oregon an das Gefängnis gewandt, um nach ihrem vermissten Mann zu suchen, der nach Salem zurückgeschickt werden sollte, um dort seine Strafe zu verbüßen, aber weder John O'Leary noch Jeff Baldwin waren in ihren Akten verzeichnet. Unter anderen Umständen hätten sich die Direktoren vielleicht die Mühe gemacht, die Sache zurückzuverfolgen und herauszufinden, dass es sich bei ihrem Carl Panzram um denselben Mann handelte, aber diejenigen, die diese Verbindung vermuteten, hatten nicht die Absicht, diesen gebrochenen Mann aufzugeben, da sie noch nicht einmal halbwegs damit fertig waren, ihn für seinen Fluchtversuch zu quälen. Also kehrten die Gefängnisbeamten aus Oregon mit leeren Händen nach Hause zurück, während Carl weiter in Einzelhaft vor sich hin rottete.

Der Arzt war nach jahrelanger Arbeit auf der Gefängnisstation abgehärtet, aber selbst er war entsetzt über Carls Zustand. Er half dem Mann ins Bett und setzte schnell einen OP-Termin fest, um seine gerissene Leiste zu behandeln. Carls Beinen war jedoch nicht mehr zu helfen. Um deren Schaden zu beheben, müssten Dutzende von neuen Brüchen vorgenommen und jedes Fragment sorgfältig neu ausgerichtet werden. Diese Operation konnten zur damaligen Zeit nur zwei oder drei Ärzte auf der Welt durchführen und der Arzt in Dannemora gehörte ganz sicher nicht dazu. Die Operation an Carls Leiste war ein Erfolg und alle inneren Organe wurden wieder an ihren gewohnten Platz gebracht, aber damit gaben sich die Wächter nicht zufrieden. Auf ihre Veranlassung hin wurde einer von Carls Hoden mit der Begründung chirurgisch entfernt, dass so seine Aggressionen verringert werden könnten, so wie man auch Hunde kastrierte, um sie gefügiger zu machen.

Unnötig zu erwähnen, dass Carl die Situation nicht gelassener sah, als er nach der Operation aufwachte und feststellen musste, dass man ihm einen Teil seiner Genitalien entfernt hatte. Er wurde furchtbar wütend, und wenn er von der ganzen Sache nicht so erschöpft gewesen wäre, hätte er den Arzt wahrscheinlich umgebracht, bevor die Wachen ihn hätten zurückhalten können. Stattdessen kehrte er in einen weiteren schmerzhaften Albtraum zurück und aus den Nähten, die er sich soeben aufgerissen hatte, sickerte Blut, das die weißen Laken befleckte.

Es dauerte einige Tage, bis Carl sich so weit erholt hatte, dass er sich im Bett aufsetzen und etwas essen konnte. Fast sofort spürte er, dass er wieder zu Kräften kam, und machte sich sogleich Sorgen um seine sexuellen Fähigkeiten. Er hatte eine der körperlichen Ausdrucksformen seiner Männlichkeit verloren und ernsthafte Bedenken, dass er nicht mehr in der Lage sein würde, so wie früher zu funktionieren. Also stieg er besorgt aus seinem eigenen Krankenhausbett in das Bett eines anderen schlafenden Gefangenen, um ihn zu vergewaltigen. Der Arzt stürmte in das Zimmer, als er Schreie hörte, und einen Moment lang verstand er nicht, was er da sah. Dann war er entsetzt. Er hatte weder die Kraft noch den Mut, Carl aufzuhalten, also rannte er los, um die Wachen zu holen. Als sie eintrafen, war die Tat bereits vollbracht und Carls altes, böses Grinsen auf dem Gesicht zurückgekehrt. Er wurde zwar bei jedem Schritt von Schmerzen geplagt, aber er war immer noch das Monster, das er immer sein wollte.

Er wurde sofort wieder in Einzelhaft gesteckt und blieb dort für den Rest seiner fünfjährigen Haftstrafe, wobei er wie eine Schlange auf dem Bauch herumkroch, anstatt seine Beine zu belasten. An diesem dunklen Ort wurde er noch unmenschlicher als zuvor. Sein Sprechen war mehr ein Knurren und seine Gedanken drehten sich nur noch um Rache. Er versuchte buchstäblich jedes Mal, die Hand zu beißen, die ihn fütterte, wenn ihm eine Mahlzeit gebracht wurde, und musste jedes Mal eine Woche lang hungern, wenn er es versuchte.

So vergingen die Jahre, bis er eines Tages ohne Vorwarnung wieder ans Licht gezerrt, mit Schneeschmelze abgerieben und in die Kleidung geesteckt wurde, die er bei seiner Ankunft getragen hatte und die ihm nun viel zu groß war. Es war 1928, als er seine ersten quälenden Schritte in die Welt hinaus machte, aber trotz der Schmerzen zögerte er keinen Augenblick. Er hatte zu viel zu tun und zu viele Pläne zu verwirklichen.

Der Höhepunkt

Von Dannemora aus hatte Carl nicht viele Möglichkeiten, verließ aber den Staat New York so schnell wie möglich, um Abstand zu seinen schlechten Erinnerungen zu gewinnen. Den ersten richtigen Halt legte er erst in Philadelphia ein. Während seiner langen Jahre in Einzelhaft hatte er viele Pläne geschmiedet, deren Verwirklichung erhebliche finanzielle Mittel erfordern würde. Wo er früher mit dem Gedanken gespielt hatte, Kriege und andere terroristische Handlungen anzuzetteln, brachte er diese verirrten Gedanken nun in eine gewisse Ordnung. Er hat einen Straßentunnel ausfindig gemacht, den er an einem Ende einstürzen und mit Giftgas füllen wollte, bevor er alle darin eingeschlossenen Menschen ausrauben wollte. Das Geld, das er mit diesem Job verdiente, wollte er an der Börse anlegen und mit seinen Investitionen auf Unternehmen setzen, die in Kriegszeiten boomen würden. Dann würde er einen Krieg mit Großbritannien entfachen, indem er amerikanische Schiffe im Panamakanal angriff, wo der Konflikt bereits schwelte. Die Gewinne aus diesen Verbrechen würden ausreichen, um bis ans Ende seiner Tage in irgendeinem afrikanischen Kaff angenehm zu leben, wo er sich als Kriegsherrenkönig etablieren und sich Vergnügungen hingeben könnte, die in zivilisierteren Gegenden verpönt wären. Er würde ein wenig Startkapital benötigen, um all diese Pläne in die Tat umzusetzen, weshalb er ein paar Einbrüche begehen würde, um sich dieses zu beschaffen. Zuvor wollte er jedoch ein wenig von dem besonderen Vergnügen finden, das er nur in der Freiheit erleben konnte – einen Vorgeschmack auf das, was er in seiner Zukunft erreichen wollte.

In der Point House Road in Philadelphia fand er einen kleinen Jungen namens Alexander Uszacke, der Zeitungen austrug. Alexander war der Sohn osteuropäischer Einwanderer unbekannter Herkunft und sprach nur sehr wenig Englisch, aber für das, was Carl ihm mitzuteilen versuchte, war auch nur ein wenig Englisch erforderlich. Alexander ging mit Carl zu einem verlassenen Lagerhaus am Stadtrand, verwirrt, aber immer noch bereit, alles zu tun, was nötig war, um das versprochene Geld zu verdienen. Erst als Carl ihm die Kleider vom Leib riss, wurde ihm klar, worauf er sich eingelassen hatte. Er versuchte, wegzurennen, und wollte schreien, aber Carls dicke Finger schlossen sich um seine Kehle und schnitten ihm den Ton ab, bevor ihn jemand hören konnte. Carl würgte den kleinen Jungen während der gesamten Vergewaltigung und war nicht überrascht, dass der Junge tot war, als er fertig war. Diesmal machte er sich nicht einmal die Mühe, die Leiche zu bedecken, sondern warf sie einfach wie einen weggeworfenen Lappen auf einen Müllhaufen. Es spielte keine Rolle, wer den kleinen Alexander fand und wann. Carl wäre in jedem Fall längst weg.

Er fuhr weiter nach Baltimore, wo er seinen großen Plan mit dem ersten kleinen Schritt in die Tat umsetzen wollte. Bevor er in ein Haus einbrechen konnte, brauchte er Werkzeug, und um das kaufen zu können, wollte er mit einem einfachen Überfall beginnen, wie er ihn schon tausendmal gemacht hatte, ohne auch nur einen Schweißtropfen zu verlieren. Doch dieses Mal waren die Dinge nicht so einfach. Der junge Mann, den Carl in einer Gasse zwischen den Häusern in die Enge getrieben hatte, rückte sein Geld nicht heraus, als er ihn verlangte. Er hob sogar die Hände, um sich gegen Carl zu wehren – das erste Mal, dass er sich überhaupt daran erinnern konnte, dass eines seiner Opfer dies tat. Dieses Zeichen des Widerstands war der einzige Vorwand, den Carl brauchte, um seiner Wut freien Lauf zu lassen. Der Schmerz, der ihn auf Schritt und Tritt verfolgte, kochte in ihm hoch und suchte verzweifelt nach einem Ventil, und Carl ergoss ihn in diesen armen Mann hinein – und das alles nur für das furchtbare Verbrechen, zu lange gebraucht zu haben, um sein Geld auszuhändigen. Als seine Wut abgeklungen war, war Carl blutverschmiert und der Mann, der kaum älter als ein Teenager war, tot. Carl kramte die Geldscheine zusammen, die diesen Mann das Leben gekostet hatten, und machte sich auf den Weg zum Bahnhof, um die Stadt zu verlassen. Er hatte bekommen, was er wollte, wenn auch nicht auf die Weise, wie er es gewollt hatte.

In Washington, D.C., kaufte Carl die benötigten Werkzeuge und machte sich an die Arbeit. Mit seinen verkrüppelten Beinen war er viel langsamer und die ganze Zeit über abgelenkt. Sein Temperament flammte neben den Schmerzen immer wieder auf und es war nur eine Frage der Zeit, bis ihn die Wut erneut überkam und er die Kontrolle verlor. In einer Zeit, in der er am ruhigsten und beherrschtesten sein sollte, verlor Carl jegliche Kontrolle über seinen Körper und seinen

Geist. So kam es in Washington zu einer Reihe ungeschickter Einbrüche und es war reines Glück, dass Carl keinem seiner Opfer, die er ausraubte, begegnete. Wenn das passiert wäre, wären sie gestorben, das steht außer Frage. Schließlich wurde er dabei beobachtet, wie er sich durch das Fenster eines bekannten Zahnarztes hievte, und die Polizei griff ihn auf, als er gerade mit Schmuck und einem Radio unter dem Arm das Haus verlassen wollte. Er versuchte, sich zu wehren, aber ein paar Schläge mit ihren Schlagstöcken auf seine Beine genügten, um jeden Kampfgeist, den er noch in sich hatte, zu verjagen.

Er wurde zügig abgefertigt und in das Gefängnis von D.C. gebracht, wo er auf seinen Prozess wartete. Seine übliche bedrohlich wirkende Haltung wurde durch seine mangelnde Gehfähigkeit stark beeinträchtigt, da er kaum einen Schritt machen konnte, ohne sich an den Gitterstäben seiner Zelle festzuhalten. Und als er mitten in der Nacht begann, den Mörtel um sein Zellenfenster herum abzukratzen, fand einer der benachbarten Gefangenen genug Mut, um den Wachen seinen Fluchtversuch zu melden. Carl wurde in einen Raum gebracht, von dem er annahm, dass es sich um eine Einzelzelle handeln würde, der sich jedoch bald als ein Hof mit einer in den Betonboden eingelassenen Snorting Pole herausstellte. Darüber konnte er nur lachen. Er hatte in seinem Leben schon Hunderte Schläge eingesteckt und sie hatten ihn nur härter gemacht. Glaubten diese Wachen tatsächlich, ihm etwas antun zu können, was er nicht schon erlebt hatte? Seine Meinung änderte sich schnell, als sie ihn an den gefesselten Handgelenken hochzogen, bis er nur noch auf den Zehenspitzen stand. Als er in die Länge gestreckt wurde, schien der ganze Schmerz freigesetzt zu werden, der normalerweise in seinen geschundenen Knochen gefangen war. Beine, Rücken und Knöchel fühlten sich an, als stünden sie in Flammen, aber jetzt waren sie ein Inferno, das ihn zu verzehren drohte. Carl schrie, bis er heiser war. Dann verfluchte er mit brüchiger Stimme jeden einzelnen Wächter und seine eigenen Eltern dafür, dass sie ihn auf die Welt gebracht hatten. Dies eskalierte bald in Gewalt- und Morddrohungen, über die die Wärter nur lachten, bis Carl begann zu erzählen, was er ihren Kindern nach seiner Flucht antun würde. Er beschrieb genau, wie er sie entführen, vergewaltigen und mit bloßen Händen das Leben aus ihnen herauswürgen würde, so wie er es schon mit so vielen kleinen Jungen getan hatte. Carl war im Delirium vor Schmerzen, aber die Details, die er lieferte, waren so brutal, dass die Wachen erschraken. Gemeinsam schlugen sie ihn bewusstlos, bevor er noch etwas sagen konnte. Dann suchten sie einige Polizisten vor Ort auf, um ihnen von seinen Erzählungen zu berichten und um eine weitaus größere Untersuchung in Gang zu setzen, als Carl je zuvor erlebt hatte.

Ein paar einfache schriftliche Nachfragen brachten Carl bald mit sämtlichen Decknamen und Haftstrafen in Verbindung, die er in verschiedenen Bundesstaaten noch absitzen sollte, aber was die Polizei in Washington wirklich interessierte, waren die Kindermorde. Die Zeugen aus Salem reisten an und identifizierten Carl als den markanten, massigen Mann, den sie zusammen mit George McMahon vor dessen Tod gesehen hatten. Ein anderer Zeuge aus Philadelphia identifizierte ihn als den Mörder von Alexander Uszacke, war aber nicht bereit, vor Gericht auszusagen, nachdem er Carl in die Augen gesehen hatte und ihm nur allzu klar war, was mit ihm geschehen würde, wenn er gegen ihn aussagen würde. Doch der Polizei von Washington reichte ein einziger Mord. Carl wurde zu einer lebenslangen Haftstrafe ohne Bewährung verurteilt, wobei davon auszugehen war, dass in den kommenden Monaten zahlreiche weitere Verfahren erforderlich sein würden, da Carl Verbindungen zu anderen Verbrechen nachgewiesen werden konnte. Unabhängig davon, ob sie weitere Anklagen erheben würden, lautete die einfache Wahrheit, dass Carl nie wieder ein freier Mann sein würde. Von dem Moment an, als er für den Mord an George McMahon verurteilt wurde, war jede Hoffnung auf ein Leben in Freiheit vorbei.

Es gab lange Diskussionen darüber, welches Gefängnis am besten für den Mann geeignet wäre, der so oft entkommen war, bevor man sich schließlich darauf einigte, dass er seine Strafe im Bundesgefängnis Leavenworth in Kansas absitzen sollte, nur eine kurze Fahrt von Fort Leavenworth entfernt, wo er seine erste Strafe als Erwachsener verbüßt hatte. Das Gefängnis war zu dieser Zeit nichts Besonderes – es gehörte nicht zu den schlimmsten Albträumen, in die ein Gefangener hineingeworfen werden konnte, vor allem nicht, wenn man es mit einigen der Orte verglich, an denen Carl bereits gewesen war. Aber es lag günstig in der Nähe vieler Staaten, in denen noch Verfahren gegen Carl anhängig waren, und man hegte den Verdacht, dass eine etwas entspanntere Atmosphäre Carl von seinen üblichen Fluchtversuchen abhalten könnte.

In Wahrheit hätte Carl leicht aus dem Gefängnis fliehen können, so wie er es schon so oft getan hatte, aber er hatte jeden Antrieb dazu verloren. Der ganze Abscheu, den er für die menschliche Rasse empfand, hatte sich schließlich nach innen gewendet. Der Schmerz, mit dem er lebte, und die Erinnerungen an die kurzen Momente in seinem Leben, in denen er glaubte, wie ein normaler Mensch leben zu können, verfolgten ihn jetzt, und mit jedem Tag, der verging, wurde die dumpfe, graue Realität seiner Gefangenschaft immer weniger real im Vergleich zu der Lebendigkeit seiner Erinnerungen und seiner Qualen. Er wollte nicht mehr frei sein. Er wollte nicht mehr leben. Er hatte auf der Suche nach Vergnügen die schrecklichsten Dinge getan und nun blieben ihm nur noch Schmerzen. Endlose, ständige Schmerzen.

Selbst seine üblichen Versuche, in Leavenworth das Sagen zu haben, versiegten. Er wollte sich von niemandem zum Opfer machen lassen, aber er hatte auch nicht mehr die Energie, andere zum Opfer zu machen. So stand er an seinem ersten Tag in der Kantine und gab eine Erklärung ab. „Ihr alle wisst, wer ich bin und was ich getan habe. Und ich werde jeden töten, der mich belästigt."

Seine Rede war kurz und bündig ... und effektiv. Niemand belästigte Carl. Das erste Jahr verbrachte er, ohne jedes Aufsehen zu erregen, abgesehen von einigen Bittbriefen an den Gefängnisdirektor bezüglich der Zuweisung seines Arbeitsplatzes. Die meisten der angebotenen Arbeiten im Gefängnis erforderten stundenlanges Stehen, was Carl mit seinen kaputten Beinen Qualen bereitete. Schließlich wurde er zur Einzelarbeit in der Waschküche eingeteilt, wo er in aller Ruhe auf einem Stuhl sitzen konnte. Die einzige Gesellschaft, die er dort während der langen Stunden des Faltens erhielt, war der stündliche Besuch des Wäschereivorarbeiters Robert Warnke, der sich vergewisserte, dass kein Unfug im Gange war, bevor er Carl in Ruhe ließ.

Am Ende dieses ersten Jahres der stillen Selbstbeobachtung war Carl fertig. Das Elend, das er immer auf die Welt abgewälzt hatte, verzehrte ihn jetzt. Die Fäulnis in seinem Inneren begann sich auszubreiten.

An einem Winternachmittag kam Robert zu einem zusätzlichen Besuch bei Carl vorbei. Die Waschküche war der einzige Ort im ganzen Gebäude, der warm genug war, um als gemütlich zu gelten. Carl empfand diesen Besuch als ein Eindringen und hatte das Gefühl, dass der Mann ihn belästige. Als die Wut in ihm hochstieg, schien sein altes Selbst wieder aufzutauchen. Er riss ein Kupferrohr aus der Leitung und schritt ohne mit der Wimper zu zucken durch den Raum. Dann schlug er Robert auf den Kopf, und als der Mann bewusstlos zu seinen Füßen lag, schlug er weiter auf ihn ein. Er schlug mit dem Rohr auf Robert Warnke ein, bis vom Kopf des Mannes nichts mehr übrig war und das Rohr selbst sich vom Aufprall auf den Betonboden verzogen hatte. Erst dann ließ er die Stange fallen und sackte lachend zu Boden. Trotz allem schien es, als ob das Monster immer noch in ihm steckte und unter der Oberfläche nur auf einen Vorwand wartete, um herauszukommen, und dieses Mal hatte der Teufel in ihm nicht nur einen, sondern zwei Tode verursacht, denn es bestand kein Zweifel daran, dass man ihn für diesen Mord an einem Wachmann hängen würde.

Carl wurde direkt von der Waschküche in die Todeszelle gebracht.

Beeil dich

In der Todeszelle, in der er auf seinen Prozess und seine Hinrichtung wartete, machte Carl die Bekanntschaft eines Wärters namens Henry Lesser, der ihm heimlich Zigaretten besorgte. Als die beiden Männer sich das erste Mal trafen, fragte Henry Carl, wer er sei, und erhielt eine kryptische Antwort. „Ich läutere Männer, genau wie Sie."
Henry war der erste Mann in einer Machtposition, der erkannte, dass Carl unter seiner Maske der Wildheit ein intelligenter Mensch war, und die beiden wurden bald, wenn nicht Freunde, so doch zumindest Vertraute. Henry war nicht nur von Carls kleinen Anekdoten über sein Leben fasziniert, sondern auch von der schlüssigen nihilistischen Philosophie, die seinem Handeln zugrunde lag. Im Vorfeld seines letzten Mordprozesses wurde Carl schließlich durch Lessers Schmeicheleien davon überzeugt, einige seiner Gedanken zu Papier zu bringen. Im Laufe der langen Monate, in denen Lesser ihm jeden Tag Schreibmaterial in die Zelle schmuggelte, schrieb Carl ein 20.000 Wörter umfassendes Geständnis zu jedem seiner Verbrechen nieder, in dem er seine Herkunft, seine Kindheit und – was für Lesser am

wichtigsten war – die Philosophie des „Macht macht Recht", die allem zugrunde lag, detailliert beschrieb.

Die Geschichte in diesem Buch basiert hauptsächlich auf diesem Dokument. Im Laufe der Jahre haben es viele Forscher studiert und versucht, einige von Carls ungeheuerlichen Behauptungen zu entlarven, nur um dann festzustellen, dass sie absolut wahr sind. Je ungeheuerlicher die Behauptung war, desto wahrscheinlicher war es, dass jemand zu jener Zeit die Ereignisse aufgezeichnet hatte.

Der Prozess wegen des Mordes an Robert Warnke am 14. April 1929 war eine kurze Angelegenheit, bei der die Presse stark vertreten war. Carl plädierte auf „nicht schuldig" und verlangte, dass das Gericht seine Schuld beweisen müsse, wenn es ihn hängen lassen wolle. Da es im Gefängnis unzählige Zeugen gab, war dies kein Problem. Carl weigerte sich, von einem Anwalt vertreten zu werden oder ein Gnadengesuch zu stellen. Er sehnte sich nach dem Ende seines Leidens. Noch in derselben Nacht wurde er in die Todeszelle zurückgebracht, wo er einen Brief an Präsident Hoover schrieb, in dem er forderte, dass die Politik keine Verzögerung seiner Hinrichtung bewirken dürfe. Korrespondenz war für die Insassen der Todeszellen ein normaler Vorgang und Carl ignorierte die meisten Briefe, aber eine bestimmte Gruppe schien ihm immer eine Antwort zu entlocken: Bürgerrechtler, die sich für die Abschaffung der Todesstrafe einsetzten. Carl antwortete auf jeden einzelnen dieser Briefe mit der Androhung grausamer Gewalt. Insbesondere erläuterte er detailliert die qualvollen Morde, die er an seinen Briefeschreibern verüben würde, wenn sie ihn irgendwie um seine hart verdiente Hinrichtung bringen würden.

In der Zwischenzeit machte ein Entwurf seiner Autobiografie in akademischen und gesellschaftlichen Kreisen die Runde und weckte großes Interesse an dem Mann. Lesser arbeitete mit einigen der großzügigeren Förderer der weichen Wissenschaften zusammen, um eine Begnadigung für Carl zu erwirken, und setzte sich beim Gouverneur dafür ein, ihn zu verschonen, damit seine potenziellen Beiträge zum Alienismus nicht verloren gingen. Sie behaupteten, dass sie durch das Studium von Carls Persönlichkeit verhindern könnten, dass noch mehr Männer wie er geschaffen würden. An diesem Punkt wandte sich Carl schließlich auch gegen Lesser und drohte ihm mit allerlei Gewalt, sollte er es wagen, sich in den Lauf der Gerechtigkeit einzumischen. Er wollte sterben – er wollte, dass seine Schmerzen aufhörten – und dieses Ende konnte für ihn nicht früh genug kommen.

Am 5. September 1930 war Carls großer Tag endlich gekommen. Er wurde auf den Hof von Leavenworth in den Schatten des Galgens geführt und trotz all seiner Fehler zögerte er nicht einen Augenblick. Selbst in seinen letzten Momenten würde er niemandem die Genugtuung geben, ihn geschlagen oder verängstigt zu sehen. Der Henker stand am Galgen und legte letzte Hand an die Schlinge, die sich bald um Carls Hals legen würde. Einen Moment lang standen sie alle schweigend da, dann brach Carl das Schweigen mit einem Fluch. „Beeil dich, du hinterwäldlerischer Bastard! Ich könnte zehn Männer umbringen, während du hier herumtrödelst!"

Er schritt vor seinem Gefolge von Wachen die Stufen zur Schlinge hinauf, die Augenbrauen wütend zusammengezogen, Spucke klebte an seinem Schnurrbart. Er spie dem Henker ins Gesicht und steckte den Kopf selbst in die Schlinge. Als er um seine letzten Worte gebeten wurde, ließ er eine Flut von Beleidigungen und Flüchen gegen alle Anwesenden los, die von banalen bis hin zu sehr persönlichen Äußerungen reichten. Der Scharfrichter hielt sich zurück und wollte warten, bis er damit fertig war, aber ihm wurde schnell bewusst, dass Carl niemals fertig werden würde. Die Quelle des Abscheus, aus der er seine Worte schöpfte, war tief und dunkel, und sie würde nie versiegen. Schließlich zog der Scharfrichter den Hebel, gab die Falltür frei und brach Carl mitten im Wort das Genick.

Nach seinem Tod wurde versucht, mit Carls Familie Kontakt aufzunehmen, aber sie wollte nichts mit ihm zu tun haben. Also wurde er auf einem Armenfriedhof beigesetzt und sein Grab nur durch ein einfaches Holzbrett mit seiner Häftlingsnummer markiert: 31614.

Eine Zeit lang zirkulierte seine Geschichte noch in psychoanalytischen Kreisen, und einige seiner größten Fans in der High Society erwarben Exemplare seiner Memoiren und wälzten die grausamen Details, die er gerne preisgegeben hatte. Ein Psychologe behauptete, er habe noch nie einen Menschen gesehen, dessen zerstörerische Impulse so vollständig erkannt und als Teil des Bewusstseins akzeptiert worden seien.

Henry Lesser seinerseits wollte Carls Geschichte mit der Welt teilen. Er bot das Buch jahrzehntelang bei Verlagen an und versuchte, die Aufmerksamkeit auf die nüchterne Prosa zu lenken, auch wenn der Inhalt für den zeitgenössischen Leser ungenießbar war. Es sollte noch Jahrzehnte dauern, bis ein Verlag bereit war, Carls Autobiografie zu veröffentlichen, und inzwischen waren so viele Beweise für die Verbrechen, die er gestanden hatte, in den Nebeln der Zeit verschwunden. Aber ein Großteil der Geständnisse stellte sich als wahr heraus, sodass die Annahme, dass sie alle der Wahrheit entsprachen, eine logische Schlussfolgerung war. Bei Nachforschungen über Kriminelle sind die Informationen, die man von ihnen persönlich erhält, oft mit Vorsicht zu genießen, da versucht wird, die Situation zu deren Vorteil zu manipulieren – entweder, indem sie versuchen, sich härter zu geben, als sie sind, oder indem sie sich unschuldiger geben, um eine weitere Bestrafung zu vermeiden. In Carls Fall gibt es keinen Grund für Zweifel. Er hatte nichts zu verlieren, als die Zeit zum Schreiben für ihn gekommen war. Er war bereits ein toter Mann. Noch wichtiger ist, dass jeder normale Psychopath die schrecklichen Details, die er in seine Aussage einfließen ließ, in dem Versuch, seine Glaubwürdigkeit zu wahren, weggelassen hätte.

Carl schämte sich nicht für das, was er war, auch wenn ihm das im Laufe seines Lebens einige Konflikte beschert hatte. Auch wenn er sich danach sehnte, anders zu sein, verleugnete er nie die Wahrheit über sich selbst. Carl wusste, dass er ein Monster war. Er genoss es, die Menschen für ihre Beleidigungen gegen ihn zu bestrafen, aber er war wenigstens ein ehrliches Monster. Seine Leidenschaften waren Vergewaltigung, Mord und Alkohol, und er ging diesen Leidenschaften mit so viel Nachdruck nach, wie es ihm zu einem bestimmten Zeitpunkt möglich war.

Verglichen mit einem modernen Serienmörder scheint Carl viel einfacher gestrickt gewesen zu sein. Das Produkt einer härteren Zeit und harter Bestrafungen. Doch es gab Hunderte von Männern, die direkt neben Carl inhaftiert waren und nie zu einem solchen Monster geworden waren. Es gab Tausende, die die gleiche schreckliche Kindheit erlebt hatten. Tief in seinem Innern blühte eine dunkle Saat auf, etwas, was normale Männer nicht besaßen, die angesichts solch unüberwindlicher Schmerzen einfach zerbrachen. Es war diese Dunkelheit, die ihm seine unglaubliche Kraft, seine unglaubliche Entschlossenheit und seine Todessehnsucht verlieh. Carl Panzram hasste wie kein anderer Mensch, und obwohl sich dieser Hass schließlich gegen ihn wandte und ihn in ein frühes Grab trieb, war sie bis zum letzten Moment seines Lebens eine Kraft, mit der man rechnen musste.

TÖTE SIE ALLE

RYAN GREEN

Wollen Sie mehr?

Hat Ihnen *Töte sie alle* gefallen und haben Sie Lust auf mehr True Crime?

IHR KOSTENLOSES BUCH WARTET

HOLEN SIE SICH EIN KOSTENLOSES EBOOK ÜBER EINE DER BERÜCHTIGTSTEN SERIENMÖRDERINNEN AMERIKAS, DOROTHEA PUENTE, VON BESTSELLERAUTOR RYAN GREEN.

FANGEN SIE JETZT AN ZU LESEN!

WWW.RYANGREENBOOKS.COM/GRATISBUCH

Unterstützen Sie Ryan Green

Wenn Ihnen das Buch gefallen hat und Sie einen Moment Zeit haben, würde ich mich sehr über eine kurze Rezension auf Amazon freuen. Ich weiß Ihre Hilfe bei der Verbreitung des Buches sehr zu schätzen, und Rezensionen tragen wesentlich dazu bei, dass neue Leser mich finden (ohne Rezensenten hätten wir Selfpublisher es sehr schwer!)

DE   geni.us/tsade

US   geni.us/tsaus

Über Ryan Green

Ryan Green ist ein True-Crime-Autor Ende dreißig. Er lebt mit seiner Frau, drei Kindern und zwei Hunden in Herefordshire, England. Neben dem Schreiben und der Zeit, die er mit seiner Familie verbringt, wandert, liest und surft er.

Seit jeher faszinieren in Geschichte, Psychologie und wahre Verbrechen und so begann er 2015 schließlich, selbst zu recherchieren und zu schreiben, um am Ende dieses Jahres sein erstes Buch über den berüchtigtsten Serienmörder Großbritanniens zu veröffentlichen, Harold Shipman.

Seitdem hat er mehrere Bücher über weniger bekannte Fälle geschrieben und dabei den einzigartigen Ansatz gewählt, aus der Perspektive des Mörders zu schreiben. Er erzählt einige der schaurigsten Geschichten, die man im True-Crime-Genre finden kann.

„Ryan Green ist ein unglaublicher Geschichtenerzähler ... er erzählt nicht nur die Geschichte, er lässt den Leser einen Teil von ihr sein." - Blackbird

Mehr Bücher von Ryan Green

1894 wurde Leonarda Cianciulli in eine von Missbrauch geprägte Familie hineingeboren. Als junges Mädchen unternahm sie zwei Selbstmordversuche, um sich von dem Elend zu befrei-en. Nach Jahren des Missbrauchs suchte Leonarda nach Stabilität und heiratete Raffaele Pansardi. Ihre Mutter war mit dieser Heirat nicht einverstanden und machte ihrem Ärger im wahrsten Sinne des Wortes Luft und verfluchte die Ehe.

Infolge dieses Fluchs litt Leonarda unter hysterischen Krampfanfällen, wurde wegen Betrug inhaftiert, verlor ihr Haus durch ein Erdbeben, hatte drei Fehlgeburten und verlor zehn ihrer Kinder in den ersten Lebensjahren durch verschiedene Krankheiten

Der Fluch ist ein erschütternder Bericht über einen der brutalsten und bizarrsten Kriminalfälle der Geschichte. Ryan Greens fesselnde Erzählung zieht den Leser in das wahre Grauen, das die Opfer erlebt haben, hinein und verfügt über alle Elemente eines klassischen Thrillers.

Mehr Bücher von Ryan Green

Anstatt ihn wegen Kindesmissbrauch zu verurteilen, wurde Fritz Haarmann als psychisch unzurechnungsfähig eingestuft und in eine psychiatrische Anstalt eingewiesen, bis er durch eine neue Diagnose als ‚moralisch unterbemittelt' eingestuft und freigelassen wurde. Seine Kenntnisse über die kriminelle Unterwelt überzeugten die Polizei, über seine ‚Aktivitäten' hinwegzusehen und ihm als Informant zu vertrauen.

Schlächter, Beißer, Spion ist eine erschütternde Nacherzählung einer der brutalsten Mordserie der deutschen Geschichte. Ryan Greens fesselnde Erzählung zieht den Leser in das reale Grauen hinein, das die Opfer erlebt haben, und verfügt über alle Elemente eines klassischen Thrillers.

Mehr Bücher von Ryan Green

Am 29. Februar 2000 erwirkte John Price eine einstweilige Verfügung gegen seine Freundin, Katherine Knight. Später an diesem Tag erzählte er seinen Kollegen, dass sie auf ihn eingestochen habe. Falls er jemals spurlos verschwinden sollte, habe Knight ihn getötet.

Als er am nächsten Tag nicht zur Arbeit erschien, wurde ein Kollege losgeschickt, um nach ihm zu sehen. Als er einen blutigen Handabdruck neben der Haustür entdeckte, verständigte er sofort die Polizei. Auf den schrecklichen Anblick, den sie vorfinden sollten, waren die Beamten nicht vorbereitet.

Mehr Bücher von Ryan Green

1902, im Alter von 11 Jahren, brach Carl Panzram in das Haus eines Nachbarn ein und stahl einige Äpfel, einen Kuchen und einen Revolver. Da er häufig Unruhe stiftete, beschloss das Gericht, an ihm ein Exempel zu statuieren und ihn in die Obhut der Minnesota State Reform School zu geben. Während seiner zweijährigen Haftzeit wurde Carl vom Schulpersonal wiederholt geschlagen, gedemütigt und vergewaltigt.

Mit 15 Jahren meldete sich Carl zur Armee, wobei er falsche Angaben bezüglich seines Alters machte, doch seine Karriere war nur von kurzer Dauer. Er wurde unehrenhaft entlassen, weil er Armeevorräte gestohlen hatte, und kam in das Militärgefängnis Fort Leavenworth, um die Höchststrafe für seine Verbrechen zu verbüßen.

Als Carl 1910 Fort Leavenworth verließ, hatte die Erfahrung ihn zu dem Mann gemacht, der er für den Rest seines Lebens bleiben sollte. Sein Hass auf die Menschheit saß tief und so begann er, anderen etwas anzutun, bevor sie ihm etwas antun konnten. Sein lebenslanger Feldzug des Schreckens konnte endlich beginnen.

Kostenloses Hörbuch über wahre Verbrechen

Melden Sie sich bei Audible an und nutzen Sie Ihr kostenloses Guthaben, um diese Sammlung von zwölf Büchern herunterzuladen. Wenn Sie innerhalb von 30 Tagen kündigen, fallen keine Kosten an!

WWW.RYANGREENBOOKS.COM/ KOSTENLOSESAUDIOBUCH

„Ryan Green ist ein unglaublicher Geschichtenerzähler ... er erzählt nicht nur die Geschichte, er lässt den Leser einen Teil von ihr sein."

~Blackbird

WWW.RYANGREENBOOKS.COM/KOSTENLOSESAUDIOBUCH

www.ingramcontent.com/pod-product-compliance
Lightning Source LLC
Chambersburg PA
CBHW020656220526
45464CB00001B/458